Compromiso absoluto

Dick Hoyt
Don Yaeger

TALLER DEL ÉXITO

Agradecimientos

Quisiera dedicarles este libro a mi madre y a mi padre,
quienes siempre nos han apoyado. Ellos son los que me dieron un corazón fuerte y un cuerpo que nos permitió, tanto a mi hijo como a mí, competir a un nivel más allá de mis expectativas y de mi razón.

También lo dedico a Judy, la madre de Rick,
quien valiente e incansablemente luchó para garantizarle a nuestro hijo una educación que realmente lo capacitara para hacer parte de todas las actividades diarias.

Y a mis hijos Rob y Russ,
quienes desinteresadamente aceptaron el hecho de que las necesidades de Rick a veces les generaran dificultades, y con frecuencia les quitó la atención que necesitaban. Estoy muy orgulloso de las personas que ellos son y en lo que se han convertido.

También a Kathy Boyer,
mi novia y administradora de mi oficina, quien ha pasado muchas horas investigando en busca de material para este libro, así como revisando, editando y reescribiendo para asegurarse que la historia contada sea precisa.

Primero, y más importante que todo, le dedico este libro a Rick.
Si no fuera por su fuerza interior y determinación, no habría libro. Él es quien me inspira y me motiva. Él es el corazón y el alma del equipo Hoyt.

—Dick Hoyt

A Jeanette:
Gracias por inspirarme a ser un gran padre... ¡y por darme la oportunidad de serlo! Espero tener el mismo éxito con nuestros dos hijos como el que ha tenido Dick con Rick.

— Don Yaeger

Contenido

Reconocimientos

Hemos tomado más de dos años para dejar listo *Compromiso Absoluto*, incluyendo incontables horas de entrevistas, recolección de información, escritura y edición. Esperamos que este trabajo inspire y motive a gente de todo el mundo. Deseamos agradecer por toda su ayuda y apoyo especialmente a:

Al autor de libros de mayor venta del *New York Times*, Don Yaeger, y a Jessica Pitchford, candidata al programa de doctorado en Escritura Creativa de la Universidad Estatal de Florida, quienes pasaron muchas, muchas horas haciendo de este un maravilloso libro. También a Jenny Fernandez y Lauren Held por mantener el proyecto organizado y a tiempo.

Esta obra no habría sucedido sin el equipo de Da Capo Press, especialmente su editor Kevin Hanover. Ellos creyeron en esta historia desde el comienzo e hicieron posible poder compartirla con los lectores. ¡Gracias de nuevo a todos ustedes por su ayuda!

A todos los doctores, enfermeras y terapistas del Hospital Infantil de Boston, y a los ingenieros de la Universidad Tufts, quienes le construyeron a Rick su primera máquina de comunicación, el Comunicador Interactivo de Tuftus (CIT).

A toda nuestra familia, amigos y vecinos que nos han apoyado todos estos años.

A Mike Giallongo y XRE, la compañía de Littleton, Massachusetts, que fue nuestro primer patrocinador. XRE construyó nuestra primera bicicleta para que pudiéramos comenzar a competir en triatlones. Mike también fue el primer presidente del Fondo Hoyt.

A Eddie Burke, un gran respaldo nuestro y director de carrera de nuestra Carrera Anual en Calle del equipo Hoyt.

A Dave McGillivray, la primera persona que nos sugirió competir en triatlones. Dave también convenció a la organización Hombres de Hierro para que nos permitiera competir en el Campeonato Mundial de Triatlón, Hombres de Hierro.

A todos los asistentes de Cuidado Personal (ACP) para Rick, con quienes él ha trabajado todos estos años. Si no fuera por ellos, Rick nunca habría podido llevar una vida independiente.

A Pete Wisnewski, el primero que se acercó a darnos ánimo en nuestra primera competencia. Se convirtió en un amigo para toda la vida.

A John Costello, director del Programa de Comunicación Aumentativa del Hospital Infantil de Boston. John ha trabajado con Rick desde 1986 y gracias a su apoyo Rick tiene el excelente sistema de comunicación que le ha permitido expresar sus pensamientos al mundo.

Una sensación en internet

Anteriormente había oído la frase "sensación en internet" pero nunca entendí su significado. Ahora sí la entiendo. Nadie podría confundirme con un prodigio de la informática; apenas sé cómo revisar el correo electrónico. Mis nietos hablan de redes en línea, chats, blogs, y conversaciones tecnológicas fuera de mi comprensión. Sin embargo, en estos días no puedes ver la televisión o escuchar las noticias sin que haya una mención de la manera como el internet está cambiando nuestras vidas. Y recientemente, las vidas que se están transformando son las de las personas comunes cuyas historias, de una u otra forma, inspiran esperanza. Nunca imaginé que nuestra historia fuera a ser una de esas.

Mi hijo mayor, Rick, llevaba atado a una silla de ruedas más de una década la primera vez que me pidió que me pusiera mis tenis de atletismo y lo empujara en una carrera. Era el año de 1977. Yo tenía treinta y siete años y no había hecho ejercicio en serio desde la secundaria. Salía a trotar un par de veces por semana y jugaba en un equipo de hockey aficionado cuando tenía tiempo, pero fuera de eso, sólo trabajaba para la Guardia Nacional y trataba de pasar la mayor cantidad de tiempo posible con mi familia. Mi primera competencia con Rick fue emocionante, pero muy difícil. No llegamos de últimos, pero cuando finalmente cruzamos la línea de llegada, yo estaba jadeando y asfixiado. Me dolían músculos que ni siquiera sabía que tenía. Cuando llegamos a casa, lo único que quería era relajarme, pero Rick fue directo a su dispositivo de comunicación, llamado "dispositivo de comunicación interactiva Tufts", o "DCIT", y me dijo cuánto había disfrutado la experiencia. Justo en ese momento supe que habíamos descubierto algo especial para compartir juntos. Dick y Rick se convirtieron en un equipo de padre e hijo, el equipo Hoyt. A partir de ese día, cada competencia en la que hemos corrido juntos, sólo ha fortalecido nuestra relación.

Para cuando llegó el momento en que un hogar promedio estaba equipado con acceso a internet, nosotros ya habíamos estado compitiendo por veinticinco años, tanto, que muchos ya habían oído nuestra historia. Aunque nuestros admiradores se limitaban más a los amantes del mundo del atletismo, habíamos presentado entrevistas a nivel local y nacional. Rosie O'Donnell nos entrevistó en su programa, y la revista *Parade* había hecho un pequeño artículo sobre nosotros. Pero un reportaje en la revista *Sports Illustrated*, el Día del Padre del 2005 se llevó el premio debido a que tuvo más impacto que cualquier otro que se hubiera escrito antes acerca de nosotros. Las palabras de Rick Reilly realmente capturaron el amor que mi hijo y yo tenemos el uno por el otro, así como el duro esfuerzo que nos tomó para llegar a donde estamos hoy. Aún así, siempre consideré al equipo Hoyt como una novedad. Sólo ciertos grupos, generalmente quienes podían relacionarse con la discapacidad de Rick y lo que habíamos enfrentado con él como familia, realmente podían apreciarnos. Así fue, hasta que en septiembre del 2006 un video en internet cambió nuestras vidas.

Estaba preparándome para el triatlón Hombres de Hierro en Hawái y acababa de finalizar un largo día de entrenamiento. Llegué a casa esperando relajarme y descansar para otro día de atletismo, natación y ciclismo, pero tan pronto entré, Kathy Boyer, mi novia y la gerente de mi empresa, me llamó desde la oficina que teníamos en mi casa (yo doy conferencias motivacionales a grandes empresas). Me dijo que debía ver algo.

La encontré frente a la computadora mirando una pantalla llena de correos electrónicos. Sabía que ella había estado un poco preocupada, administrando la oficina y preparándose para nuestro viaje a Hawái dentro de pocas semanas, pero no me imaginaba qué podría tenerla así de agitada. ¿Una falla imprevista en nuestro horario? ¿Problemas empacando el equipo de Rick? ¡Yo estaba completamente equivocado! Resultó ser que ella estaba recibiendo tantos correos electrónicos que su buzón estaba completamente lleno y no sabía cómo comenzar a responderlos. Kathy es muy buena en su trabajo, una de las personas más organizadas que jamás haya conocido. Sé lo importante que es para ella contestar todos los mensajes que llegan lo más pronto posible. "Cada vez que me doy la vuelta" dijo, "hay quince o veinte mensajes más. Sólo siguen llegando". Era tanto, me dijo, que había tenido que apagar los parlantes de su computadora para dejar de escuchar el sonido que anunciaba la llegada de un nuevo correo electrónico. Incluso yo sabía que esto no era normal.

Pronto supe que la razón de todos esos mensajes era un video en el que aparecemos Rick y yo compitiendo, el cual estuvo circulando en internet. Kathy me dijo que muchas personas estaban escribiéndole correos y enviando faxes diciendo que habían visto al equipo Hoyt en YouTube y sencillamente querían escribirnos. Comenzó con un admirador y luego personas que no conocíamos empezaron a contactarnos, todos diciendo lo mismo: cuánto los había inspirado el video en YouTube y nuestra historia. Lo primero que pensé fue: "¿YouTube? ¿Qué rayos es YouTube?"

Luego acerqué una silla y Kathy ingresó a YouTube.com, escribió "Equipo Hoyt" y rápidamente encontró el video sobre el que todos estaban hablando. Ahí estaba el DVD *Redentor* que la Corporación Mundial de Triatlón (propietarios de Hombres de Hierro) había hecho acerca de nosotros en el 2004. Es un video de cinco minutos que contiene fragmentos de Rick y yo nadando, montando en bicicleta y corriendo en el triatlón Hombres de Hierro de 1999 en Hawái, con la canción *Mi Redentor Vive*. Recuerdo que la primera vez que lo vi pensé: "Así es como los demás deben vernos". Ahí estoy yo, con cabello canoso y piel arrugada, típica de un hombre de mi edad, y ahí está Rick, quien a sus cuarenta y algo, parece sorprendentemente joven, y muy feliz desde su sitio en la silla especial para carreras o en su bote inflable. Recuerdo haber estado orgulloso de vernos en acción.

No podía entender qué estaba haciendo un video de Rick y yo en internet para que todo el mundo lo viera y comentara. Estábamos asombrados de que el video hubiera llegado a YouTube. Para entonces, muchos miles de personas ya lo habían visto. Durante las siguientes semanas, Kathy lo miraba de vez en cuando y en menos de nada había llegado a un millón de visitas. Otros videos populares en el sitio no se acercaban a éste. Los correos electrónicos siguieron llegando tan abundantemente que Kathy tuvo que esperar hasta después de nuestro viaje a Hawái para responderlos. No sabía qué hacer. No soy alguien que se afecta fácilmente; es de recordar que estábamos preparándonos para el campeonato mundial de triatlón Hombres de Hierro en Hawái, así que yo estaba enfocado en la competencia y volví a entrenar y no pensé mucho en eso. Dejé que Kathy se encargara de las cosas de la empresa para que Rick y yo pudiéramos concentrarnos en competir.

Después de unos meses nos enteramos que la gente estaba descargando el video e incluso vendiéndolo. Otros lo estaban usando en eventos sin nuestro permiso. Hasta hoy, no tenemos idea de cómo llegó el video a YouTube o quién es el responsable de haberlo publicado. Como la Organización Mundial de Triatlón Hombres de Hierro es la propietaria de los derechos, lo retiraron de YouTube muchas veces pero siguió apareciendo. Creo que ya se dieron por vencidos. He escuchado que ahora hay nueve o diez videos en YouTube del equipo Hoyt, con una variedad de canciones y varios idiomas. Los visitantes de YouTube también encuentran videos de *Today Show* y *HBO Real Sports*.

Escasamente me sentaba frente a la computadora y no sabía cómo navegar en internet, así que me tomó algo de tiempo asimilar todo esto. No estaba enojado con que aparentemente estuviéramos por toda la red. Era más una lección de humildad que otra cosa. Los correos electrónicos que estábamos y seguimos recibiendo son de personas de todos los estilos de vida, como militares que han visto el frente de batalla, oficiales de policía que han sido testigos de cosas terribles en cumplimiento de su deber, hijos que no han hablado con sus padres por años, padres que han pasado mucho tiempo en la oficina en lugar de estar en casa, y todos toman el tiempo para escribirnos y decirnos que nuestra historia los ha inspirado a hacer cambios y a ser mejores personas. Es fascinante ver que podemos tener tal impacto.

Cuando volvimos a casa después de Hombres de Hierro Hawái 2006, Kathy comenzó el lento proceso de responder los correos. Puso a un lado mensajes especiales como peticiones acerca de una silla de carreras como la del equipo Hoyt, o una computadora de comunicación como el de Rick. Kathy le reenvía los correos acerca de dispositivos de comunicación a John Costello del Hospital Infantil de Boston. Él los responde y encuentra a alguien en el área donde vive la persona para conseguirles una cita de evaluación para sus hijos para ver si ellos pueden utilizar un dispositivo como el de Rick. También hemos reunido mucha información respecto a sillas de carreras y bicicletas que nos han enviado a través de los años, así que tratamos de devolver el favor y compartir eso con otros cuando nos preguntan por equipos similares a los nuestros.

Escuchamos historias increíbles de mucha gente, algunos dando testimonio de ser personas con sobrepeso que ahora están tratando de ser activas y participar en competencias; también acerca de aquellos que dicen haber dejado de abusar de sus cuerpos con drogas y alcohol; de gente con discapacidades que ya no quieren sufrir las limitaciones. Y todos nos agradecen por ser una inspiración. Es difícil procesar la magnitud de todo. Pensar que la tecnología permitiera que tantas personas de tantos lugares del mundo vieran un video y respondiera a él. Nos contactan desconocidos de todas partes del mundo, desde Toronto hasta Tokio. Admiradores nos dicen que se han alineado a lo largo de la ruta de la Maratón de Boston durante los últimos veintisiete años para animarnos a Rick y a mí. Siempre pensamos que sería maravilloso si pudiéramos ayudar a alguien, pero ahora parece que estamos ayudando a una incontable cantidad de gente. Es increíble. Y todo principalmente se debe al internet.

Un día, alguien tomó ese DVD original de *Redentor* (*Redeemer*) y lo modificó un poco, mostrando la computadora de Rick con la palabra *Puedo* en ella (indicando nuestra consigna *Sí puedes*) y acomodó las imágenes con la canción *I Can Only Imagine*. Kathy recibió tantas solicitudes de un DVD con esa música que contactó a la Corporación Mundial de Triatlón Hombres de Hierro. Ellos lograron obtener los derechos del grupo Mercy Me. En el 2007, dicha corporación produjo el DVD *Puedo* adaptado con la canción *I Can Only Imagine*. Son básicamente las mismas escenas presentadas en el DVD *Redentor*, pero la música es distinta y el enfoque está en nuestra actitud de poder hacerlo. Los dos DVDs son muy conocidos, y en todas partes del mundo los muestran en servicios de iglesias, reuniones de negocios y prácticas deportivas para motivar a sus espectadores. Claro, gracias a YouTube, personas en casa, frente a sus computadoras han visto los videos y han sido motivadas a comentar y luego reenviarlos a sus amigos y familiares.

Aún así, es difícil que tenga sentido para mí. Creo que la gente se engancha con la historia del equipo Hoyt porque en estos días hay muchas malas historias. Escuchamos tanto sobre asesinatos, guerra, y abuso que es agradable al fin ver algo que realmente habla de amor y dedicación. Rick es mi inspiración, así que tengo empatía con ese sentimiento de querer escuchar buenas noticias como para variar. Para mí, él pone las cosas en perspectiva. No tengo días malos porque sé que la vida continúa y simplemente tienes que sacar lo mejor de la situación que recibes. Amo a mi hijo, y no hay nada que no haría por él, y él por mí. Competimos no porque tengamos que hacerlo, sino porque queremos. Y si lo que hacemos inspira a otros, eso me hace aún más feliz.

Rick y yo nos esforzamos por mantener una perspectiva positiva de la vida. Creemos firmemente que todo lo que hemos logrado con el paso de los años es porque lo hemos deseado lo suficiente y nos hemos esforzado para lograrlo, no importa si era encontrar una manera de comunicarse, obtener una educación, terminar un triatlón de Hombres de Hierro, o cruzar los Estados Unidos en bicicleta y corriendo. No esperábamos poder ayudar a otros en el proceso. Todos estos años, sólo estaba corriendo, disfrutando del tiempo con mi hijo, del amor, de los lazos, y de todos los buenos sentimientos que vienen del esfuerzo que ponemos cuando competimos.

El mundo de la tecnología cambió nuestras vidas. Cuando me di cuenta que nuestra historia estaba impactando a la gente, me sentí mucho mejor por todo lo que Rick y yo habíamos logrado. La tecnología ha llevado nuestra historia a millones. Aunque no fue lo que planeamos hacer, nos complace mucho que haya sucedido.

Por esa razón, quisimos consagrar algunas de las páginas de este libro a tantas personas cuyas vidas hemos tocado. Sus historias, presentadas en los capítulos finales, del 14 al 17, demuestran cuán lejos puede llegar un poco de inspiración. Al mismo tiempo, dichas historias inspiran a otros cada día, incluyéndonos a nosotros.

Los cuatro relatos presentados aquí son sólo unos pocos de los tantos que han llegado a nosotros en cartas o correos electrónicos durante los últimos 25 años.

Capítulo 1

Mi historia

Nací en junio 1 de 1940 en Winchester, Massachusetts y fui el sexto de diez hijos. Éramos cinco niños y cinco niñas en el clan Hoyt, y todos llegamos al mundo en el mismo hospital de Winchester donde mis hijos e incluso algunos de mis nietos posteriormente nacerían. Mis nueve hermanos y yo crecimos apretados en una pequeña casa cerca de North Reading, quince millas al norte del centro de Boston. Todos nosotros éramos de cabello rubio y ojos azules. En nuestra comunidad nos conocían por ser una familia muy saludable y activa a pesar de tener que comer por turnos y vivir en una casa muy pequeña con sólo un baño. A pesar de todo, fue una crianza normal, con dos padres amorosos y trabajadores, probablemente nada inusual para la época. Mis padres, Anne y Alfred Hoyt, fueron personas ejemplares y permanecieron casados toda la vida. No eran muy estrictos con nosotros, pero con todas esas bocas que alimentar, se esperaba que cada uno hiciera su parte para contribuir, ya fuera ayudando a mi madre con los oficios de la casa o haciendo labores físicas con mi padre. Mis deberes tendían a ser labores físicas, un patrón de trabajo que me seguiría hasta mi vida adulta.

Siempre me han gustado los retos y disfruté trabajando con mis manos. Era gratificante crear algo de la forma difícil. Teníamos que calentar nuestra casa con una estufa de carbón o madera, así que cuando tuve la edad suficiente, mi responsabilidad era cortar árboles para atizar el fuego. Obtuve mi primer trabajo real a los nueve años en una granja local llamada Granja Eisenhower, como a dos millas de nuestra casa. Ganaba diez centavos al día, más media jarra de leche por traer de vuelta las vacas desde los pastizales, ordeñarlas, recoger el estiércol y acomodar el heno.

Cuando cumplí doce años, ganaba cincuenta centavos por hora trabajando para un granjero local que tenía terrenos en mi pueblo natal de North Reading y de Topsfield, Massachusetts, otro pueblo cercano. Desyerbaba los cultivos, recogía las cosechas y hacía cualquier otra cosa que él necesitara en sus campos. Cuando el granjero necesitaba ayuda en Topsfield, nos subía a tres o cuatro chicos en su camioneta y nos llevaba allá en la mañana y luego nos traía de vuelta a North Reading al final del día cuando terminábamos nuestras labores. Desde entonces siempre tuve algún tipo de trabajo para estar ocupado mientras ganaba algo de dinero de bolsillo. Para cuando ingresé a la secundaria, había hecho labores de campo, trabajado en una estación de servicio y realizado trabajos de limpieza y reparaciones. Algunos días trabajaba doce horas y ganaba hasta $18 dólares y ¡pensaba que era rico! Pensé que me estaba yendo tan bien cuando ganaba $3 dólares por hora trabajando los veranos como albañil, que dejé la secundaria a la mitad para trabajar tiempo completo. Un año después entendí lo importante que era terminar la escuela y volví a la secundaria de North Reading para el agrado de mis padres. Aunque me encantaba el trabajo pesado, había trabajos más suaves, como cuando servía sodas en Price's Drug. Me divertí trabajando tras el mostrador. Pero no permitía que los chicos que entraban me trataran como el sirviente. Había aprendido que te ganas el respeto cuando te esfuerzas por obtenerlo.

Los Hoyt éramos un grupo de personas físicamente activas, pero hasta cuando cumplí once años comencé a practicar deportes. Antes, estando justo en la mitad de la fila de los Hoyt, tenía a todos mis hermanos y hermanas para que me entretuvieran. Éramos una familia unida y hacíamos muchas cosas juntos, jugábamos y trabajábamos. Con tantos hijos corriendo por todas partes y mi padre sustentando su gran familia con su trabajo como vendedor de autos, éramos muy pobres. En realidad nunca sentí que nos faltaran cosas, pero ahora mirando hacia atrás, nuestra situación financiera de arreglárnosla con o sin, era evidente. Por ejemplo, si queríamos jugar hockey, teníamos que compartir un par de patines. Cortábamos la rama de un árbol para usarla como bastón de hockey, y un trozo de madera era nuestro disco. No era una gran diferencia para nosotros, pues nos encantaba el juego y nos las arreglábamos como pudiéramos para jugar.

Los deportes eran gran parte de nuestra vida, y nuestros padres siempre nos animaron a practicarlos. Ellos eran muy trabajadores y atléticos. Tenías que serlo para estar al ritmo de diez niños ¡supongo! Nos dieron libertad, pero también esperaban que siguiéramos las reglas de la casa. Cuando desobedecíamos, mamá no esperaba a que papá regresara a casa para arreglar cuentas con nosotros. Sencillamente tomaba su palo de escoba y nos perseguía por toda la casa. Afortunadamente para mí, yo corría más rápido que ella. Lo asombroso es que mis padres tenían tiempo para cada uno de nosotros. Ellos esperaban que lográramos grandes cosas. Anne Hoyt fue una madre extremadamente dedicada que se encargó eficientemente de la casa. Tenía mucho orgullo y amor para cada uno de nosotros y nos lo decía muy a menudo. Hasta hoy, trato de mantener los fuertes lazos que ella nos inculcó. Por ejemplo, una vez al año reúno a toda la familia para una comida al aire libre en mi casa, todos los hermanos, sus hijos y nietos.

Mi padre siempre esperó que mis logros tuvieran algo que ver con los deportes. Constantemente me dirigió hacia ellos, y cuando tenía tiempo libre, escuchábamos un encuentro deportivo en la radio o jugábamos a atrapar la pelota en el patio de atrás. Probablemente era porque en secreto él se consideraba un atleta o porque sencillamente fue algo que se arraigó en su propia niñez y en el tipo de juegos de ese entonces. A papá le encantaban los deportes más que a nadie que yo haya conocido. Su mayor esperanza para sus hijos era que uno de nosotros pudiera llegar a ser un atleta profesional. Cuando era joven, casi un adulto y soñaba con una carrera como deportista, recuerdo a papá diciéndome: "Sabrás que has triunfado como atleta cuando salgas en *Wide World of Sports*". Finalmente salí en ese programa en 1989, pero tristemente mi padre había fallecido tres años antes. Alfred Hoyt fue un gran ejemplo, la clase de padre que muchos hijos no han tenido. Por mucho tiempo fue mi mayor admirador y su muerte me golpeó muy fuerte. A lo largo de su vida, sin importar lo que yo estuviera haciendo o qué obstáculos estuviera afrontando, su confianza en mí nunca menguó. Lo respeté por ser un padre tan comprensivo y he procurado de la mejor manera pasar su punto de vista a mis propios hijos.

En parte, gracias al ánimo de mis padres y a su habilidad deportiva innata, los deportes organizados fueron prácticamente en todo lo que pensaba cuando tuve la edad suficiente para practicarlos. Hasta sexto grado, todas mis notas fueron excelentes. Luego entré en los deportes. También conocí chicas. Me desvié un poco e incluso mi novia me hacía las tareas en séptimo grado, pero en octavo trabajé arduamente y entendí que debía hacer mi propio trabajo. Era inteligente, pero mis intereses estaban claramente centrados en los deportes. Para el final de mi octavo año escolar, jugaba fútbol americano, baloncesto y béisbol. La escuela me premió con una placa de reconocimiento por ser el mejor estudiante en todo. Ocupé cargos en el concejo estudiantil, en el club de líderes y en el club de chicos; serví como administrador del anuario e incluso fui rotario junior. Aunque logré obtener buenas notas y tenía una agenda social llena, mi mayor emoción estaba en los deportes y era ahí donde realmente sobresalía.

Yo era un hombre de baja estatura. A la edad de catorce años, probablemente pesaba noventa libras si estaba completamente mojado. Sin embargo, mi corta estatura era mi arma secreta. Podía ser pequeño, pero era poderoso. En primer año, jugué como defensa y zaguero en el equipo de fútbol americano de la escuela. Siempre podía ganar una o dos yardas. A veces el entrenador me colocaba como último hombre en la línea ofensiva. Nadie me cubría porque era tan bajito que no pensaban que fuera una amenaza. Así que mis compañeros de equipo me lanzaban el balón y yo hacía las anotaciones. Todos, por lo menos los que animaban el equipo local, quedaban sorprendidos por el sorpresivo ataque.

En North Reading, teníamos tres deportes escolares, fútbol americano, baloncesto y béisbol. Con cincuenta jóvenes en mi clase de graduación, sólo éramos once jugadores en mi equipo de fútbol americano, así que todos teníamos mucho tiempo de juego y debíamos cubrir una variedad de posiciones. Mis compañeros y yo a menudo resultábamos lastimados, pero nos encantaba el juego. Fui capitán de los equipos de fútbol americano y de béisbol. Era un futbolista más bien fuerte, pero el deporte en el que realmente era poderoso era el béisbol. Jugaba como catcher, tenía un brazo fuerte y también podía batear.

En mi último año, mi mejor amigo, John Staff, el frenador de la escuela secundaria de North Reading y yo, fuimos invitados a hacer pruebas para el equipo de los Yankees de New York. Fue increíble, dos chicos de un pueblo que nadie había oído nombrar, jugando en las grandes ligas. Fuimos a un campamento con tres mil quinientas personas más, de muchas grandes escuelas. Estuvimos allá por tres días, jugando con unos de los más talentosos de la nación. Lancé un par de veces el segundo día, me midieron el tiempo corriendo a primera base, y pasé al bate dos veces. Ese fue todo el fin de semana, pero mi amigo y yo estábamos emocionados de ir. El sólo hecho de estar lejos de casa fue toda una experiencia. Aunque no entramos al equipo, fue un honor intentarlo. De vuelta a North Reading fijé mi atención en los deportes. Entre el trabajo de medio tiempo como albañil, los estudios, y actividades extracurriculares, no dormía mucho. Pero seguro que era divertido.

Estaba ocupado pero no tanto como para no interesarme en las chicas, y una en particular. Judy Lieghton era la capitana del grupo de porristas. La había conocido desde séptimo grado pero no fuimos pareja hasta la secundaria. Judy era una chica hermosa, ambiciosa, segura de sí misma y extrovertida. Yo era callado y con la tendencia a seguir a los demás. Ella tenía muchos amigos. Yo también. En nuestro pequeño pueblo estábamos en círculos similares. Me di cuenta que cuando Judy quería algo, lo buscaba hasta obtenerlo. Me tomó algo de tiempo darme por enterado. Ella siempre trataba de bailar conmigo cuando yo llegaba a las populares noches de baile de viernes en North Reading, pero siempre mis amigos nos interrumpían cuando estábamos bailando juntos. Ella me agradaba, pero era muy tímido y no sabía qué decirle. Sin embargo, después me relajé y pude hablar con Judy y nos hicimos novios en secundaria. Teníamos dieciséis años y era la primera vez que ambos estábamos enamorados. Cuando nos graduamos en 1959, nos eligieron como la pareja de la clase. En el anuario, al lado de nuestras fotos, dice, "Judy y Richie son como el café y el té. Rara vez verás al uno sin el otro". Era una rima un tanto ridícula pero cierta. Tan pronto empezamos a salir, permanecimos inseparables.

Después de graduarme de secundaria, fue evidente que no me había preparado para la universidad. Estaba nervioso respecto al siguiente paso y no estaba seguro si de verdad quería ir a la universidad así que volví a caer en la seguridad de mis trabajos físicos. Volví al negocio de la construcción como albañil, construyendo chimeneas. Aunque disfrutaba el trabajo, no quería dedicar mi vida a eso. Una y otra vez volvía a pensar en unirme al ejército. Mi cuñado, Paul Sweeney, me sugirió que en lugar de entrar en el servicio activo, buscara la Guardia Nacional. Pensé que si me gustaba, podía seguir haciéndolo y si no, tenía la posibilidad de pasar al servicio activo o volver a casa y buscar un empleo.

Fui a seis meses de entrenamiento básico en Fort Dix, New Jersey y me encantó. Muchos de los otros chicos en entrenamiento odiaban el régimen diario de entrenamiento militar, pero yo siempre parecía sobresalir en cosas difíciles. Obtuve el más alto reconocimiento de entrenamiento físico y me gradué como el mejor de mi unidad. Al final del entrenamiento, hicimos pruebas para determinar nuestras próximas asignaciones. Como obtuve las mejores notas en electrónica, me enviaron a Fort Bliss, Texas, a un entrenamiento en una escuela de misiles dirigidos. Sólo unos pocos del entrenamiento básico calificamos. Todos empezamos haciendo oficios de cocina y labores de guardia por una semana. Esa parte fue horrible. No era lo que quería hacer, pero pronto avancé en los rangos y fui asignado como sargento de pelotón.

Cuatro meses después, la Guardia Nacional me envió a Milton Nike Site en Milton Massachusetts, sólo uno de los lugares de misiles Nike en los Estados Unidos que tenía un sistema de defensa para combatir a los nuevos aviones jet con misiles Ajax y Hércules. Trabajé tiempo completo como controlador de misiles en Milton en el sistema Ajax Nike antes de ser transferido a Reading. Estando allá fui promovido y enviado a entrenamiento adicional en El Paso, Texas, en el nuevo sistema Nike Hércules. Finalmente, el ejército me envió de vuelta a Lincoln, Massachusetts.

A lo largo de nuestro entrenamiento mis compañeros y yo fuimos centinelas de tiempo completo y nos trataban como si estuviéramos en servicio activo. Nos reportábamos directamente a la cadena de mando del ejército. Usábamos uniforme del ejército y hacíamos los mismos trabajos que el personal de servicio activo. La única diferencia era que no teníamos que ir al exterior. En lugar de eso, trabajé en varios sitios de misiles en Massachusetts. Cuando me enteraba de nuevas posiciones en otros sitios de misiles que me ayudarían a avanzar en mi carrera, aplicaba para ellas. Progresé muy rápido en los rangos de alistamiento. Uno de mis comandantes pensó que yo tenía buen potencial para ser oficial, así que sugirió que me presentara a la escuela de oficiales. Fui comisionado, y cuando los sitios de misiles cerraron, fui transferido a la base aérea Otis Air en Cape Cod, Massachusetts, y luego cambié a la Guardia Nacional Aérea. Así que terminé haciendo carrera militar.

Mientras el ejército me transfería de un lugar a otro para aprender electrónica avanzada, Judy estuvo en North Reading estudiando secretariado. Permanecimos en contacto mientras yo estaba lejos, escribiéndonos cartas y visitándonos en las vacaciones. Ella se graduó y fue a trabajar con General Electric. Cuando regresé del entrenamiento como soldado de tiempo completo, decidimos que era tiempo de llevar nuestra relación al siguiente nivel. El 18 de febrero de 1961, Judy y yo nos casamos. En ese momento yo estaba estacionado en Milton, Massachusetts, a una hora en auto de nuestro pueblo natal. Yo apenas tenía veinte años y ella tenía diecinueve.

Éramos jóvenes y estábamos enamorados, pero también éramos prácticos. Los dos habíamos comenzado nuevas carreras y con la promesa del ejército de mantenerme cerca para más entrenamientos, pensamos que sería mejor ahorrar nuestro dinero y comprar una casa antes de tener hijos. Ese modo de pensar no duró mucho, un año, para ser exacto. Judy y yo nos alegramos inmensamente cuando nos enteramos que ella estaba embarazada. Compramos una casa en North Reading por $11.000 dólares y yo volví a mis trabajos físicos, haciendo mejoras en la nueva casa. Tabla por tabla y ladrillo por ladrillo, remodelé nuestra primera casa para hacerla perfecta. Derribé una pared y construí una chimenea. Puse una gran ventana. Algunos amigos me ayudaron a cavar un sótano.

En poco tiempo, la casa estaba completa y lista para nuestra nueva familia. Todo parecía estar perfectamente en su lugar. La casa estaba terminada. El embarazo de Judy había ido muy bien. El bebé era tan activo en el vientre que los dos sabíamos que pronto tendríamos un atleta en la familia. No podíamos estar más felices ni emocionados. Todo lo que debíamos hacer era esperar la llegada de nuestro hijo.

El nacimiento de Rick

Siempre supimos que queríamos hijos, muchos. Probablemente era mi juventud e inexperiencia como padre, pero imaginaba que tendríamos una camada similar a aquella en la que había sido criado. Crecer con todos esos hermanos y hermanas había sido una experiencia tan positiva para mí que quería lo mismo para mis propios hijos. Tenía muchas esperanzas de tener un equipo de fútbol, pero me habría conformado con uno de hockey.

No importaba con cuántos pequeños tuviéramos, Judy y yo estábamos muy felices de ser padres por primera vez. Sabíamos que éste era sólo el comienzo de nuestra familia. Parecía natural. Otras personas de nuestra edad estaban haciendo lo mismo: casándose y comenzando sus hogares. Era un tiempo emocionante en nuestras vidas. Judy y yo teníamos trabajos estables que disfrutábamos, familias que nos respaldaban y buenos amigos. Sin lugar a dudas éramos felices, teníamos buena salud y estábamos enamorados. En medio de toda la emoción es posible que nos estuviéramos acercando a la paternidad un poco cegados por nuestra alegría. Pero quién podría culparnos, todo parecía perfecto. No teníamos idea que la vida podía cambiar drásticamente en cuestión de segundos. Si, como lo dice el dicho, no hay manual para enseñar a los padres a hacer su trabajo, de seguro no había manual para lo que estábamos por enfrentar.

El 10 de enero de 1962, los Bruins de Boston perdieron ante los Maple Leaf de Toronto con un marcador de siete a cinco, y mi primer hijo, Richard Eugene Hoyt Jr. nació, dos semanas después de la fecha planeada. Rick llegó a este mundo en el Hospital Winchester, el mismo donde mi madre me había dado a luz veintiún años atrás. Llegué tarde para conocer a mi primer hijo, porque estaba trabajando en la base del ejército a una hora de distancia, en Milton, cuando nació Rick. Había llevado a Judy al hospital en las primeras horas de la mañana cuando se despertó teniendo contracciones. Después de registrarnos y que una enfermera llevara a Judy a una habitación privada, nuestro médico familiar dijo que debido a que era el primer parto de Judy, no podía decir con certeza cuánto tiempo podría tomar. Me sugirió que me reportara al trabajo en lugar de esperar lo que podría durar todo el día. En aquellos días, no se permitía la entrada de los padres a la sala de partos. Así que confiamos en que el doctor sabía qué era lo mejor y que el parto de Judy seguiría su curso y sería tan tranquilo y sin novedades como su embarazo. Le di un beso a Judy al despedirme y salí rumbo al trabajo con la promesa de que yo sería el primero al que el médico llamaría.

Apenas pude concentrarme en mi trabajo en la base. Estaba muy emocionado de ser padre por primera vez. Todo el tiempo pensaba en la nueva aventura en la que Judy y yo nos estábamos embarcando. No hacía mucho que habíamos sido niños, la pareja de oro de la secundaria. Ella había sido la capitana del grupo de porristas persiguiendo al capitán del equipo de fútbol americano. Ahora estábamos a punto de tener un bebé. Yo me sentía muy ansioso y con nervios.

La llamada que esperaba llegó más tarde esa mañana. Pero escuché algo completamente inesperado. Primero, el médico me dijo que tenía un hijo. Quería gritar la noticia por todo mi puesto de comando. Visualicé los siguientes dieciocho años: mi hijo y yo jugando a atrapar o a atacar en fútbol americano o golpeando un disco en el garaje. Pero luego el médico me explicó que había habido una complicación en el parto. Judy estaba estable y recuperándose, pero nuestro hijo mostraba señales de problemas. Por el tono del médico pude ver que la situación era seria. Cuando lo presioné para que me diera detalles, parecía que no podía darme una respuesta concreta. Sugirió que todo podría estar bien, que Rick podría ser como los demás bebés. Al mismo tiempo, no quería darme un falso sentimiento de esperanza. Mi mente daba vueltas pensando en qué podría significar eso. Estaba consternado y no lograba entender nada. ¿Qué problemas? ¿Cómo pudo haber pasado? No habíamos hecho nada mal. Judy había tenido un embarazo saludable. Más que nada, yo estaba preocupado por mi esposa y mi hijo recién nacido. Colgué el teléfono confuso, asustado y deseando encontrarme con mi familia lo más pronto posible. Ese recorrido en carro hasta Winchester fue la hora más larga de toda mi vida.

Cuando llegué al hospital, Judy seguía sedada por las medicinas que le habían suministrado, y no podía decirme mucho de lo que había sucedido. Ella sabía que nuestro hijo había estado muy activo en el parto y que los médicos enfrentaron dificultades para sacarlo. Habían tenido que hacer mucho para lograr alcanzarlo y girarlo, tratando de que saliera bien. Ella recordaba la agitación en la sala de partos hacia el final del nacimiento, con enfermeras entrando y saliendo y médicos hablando preocupados. Cuando finalmente nació, Judy no escuchó ningún llanto ni sonidos del bebé. No le permitieron alzarlo, así que apenas pudo verlo antes que se lo llevaran. "El médico dijo que el bebé va a estar bien", ella decía todo el tiempo. "Él va a estar bien".

Judy se sentía enojada por no haber podido mantener a nuestro hijo junto a ella. Todas las otras madres tenían a sus bebés con ellas y podían alimentarlos, hablar con ellos y conocerlos. Ella estaba destrozada porque no podía hacer lo mismo. Ahí estábamos, dos padres novatos sin ninguna idea de lo que sucedía y además sin nuestro hijo. Ninguno de los dos entendíamos qué había salido mal. Mientras Judy dormía y se recuperaba, yo permanecía cautelosamente optimista. Caminé por el pasillo, tomando café rancio y esperando en cualquier momento oír de alguna enfermera o médico que nuestro hijo, nuestro pequeño atleta, estaba perfectamente. Durante lo que sentí como una eternidad, no tuve más noticias. Nadie me hablaba y no hallaba a alguien que supiera dónde estaba nuestro hijo o qué andaba mal en él. Finalmente, una enfermera se acercó y me llevó a otra área del hospital, a la unidad de cuidado intensivo neonatal. Tuve que lavarme bien y ponerme una bata encima de mi ropa antes que se me permitiera ver a nuestro bebé por primera vez.

Respiré profundo de alivio al verlo acostado en la incubadora. Era un bebé hermoso, grande, y se veía saludable, y sin nada de las manchas rojas en la piel que la mayoría de los bebés tienen. No sé qué estaba esperando pero, me parecía saludable. De hecho, acostado boca abajo, parecía tan activo como lo había sido en el vientre, estirándose y moviendo sus brazos y piernas. Era casi como si estuviera haciendo flexiones. Disfruté tanto verlo, que felizmente pensé que ya se estaba preparando para una carera deportiva. Luego supe que estaba teniendo espasmos musculares. Sus músculos se veían muy tensos. Podía darme cuenta que se estaba tensionando y quería decirle que estaba bien relajarse, que no tenía que esforzarse tanto. Le pregunté a la enfermera por qué se movía de esa manera y por qué tenía que estar en una incubadora. Ella dijo que todavía estaban haciendo exámenes para saber exactamente qué andaba mal con Rick, pero lo que yo llamaba flexiones eran probablemente espasmos musculares. Ella me dijo que el bebé estaba en la incubadora porque había tenido dificultades para respirar. En la incubadora podían controlar el flujo de oxigeno y monitorearlo de cerca mientras seguían con los exámenes. La explicación me preocupó, pero parecía ser una medida preventiva, un seguimiento para cualquier complicación que hubiera ocurrido durante el nacimiento. Después de haber visto a nuestro maravilloso hijo, no llegaba a comprender que algo pudiera estar mal. Para mí todo se veía bien.

De vuelta en la habitación de Judy, le reporté lo que había visto: que teníamos un hermoso niño que me parecía saludable. Le dije lo que la enfermera me había dicho respecto a su respiración y los espasmos musculares, pero le aseguré a Judy que el bebé se veía bien y que no deberíamos preocuparnos hasta que recibiéramos un diagnóstico oficial. Luego el médico que había asistido el parto de nuestro bebé entró en la habitación y explicó la magnitud de las complicaciones durante el alumbramiento y lo que ellos sabían hasta el momento acerca de la condición de nuestro bebé. Al fin obtuvimos algunas respuestas. Las noticias que escuchamos eran contundentes y devastadoras. Definitivamente algo andaba mal con Rick, pero ellos tendrían que seguir los exámenes para determinar qué pronóstico debíamos esperar. Sabían que Rick estuvo tan activo durante el nacimiento como en el vientre. Antes de nacer, se dio la vuelta, girando al lado equivocado con el cordón umbilical alrededor de su cuello, cortándole el oxígeno al cerebro. De hecho se había estrangulado a sí mismo. Los minutos que le tomó al médico desenredar el cordón le causaron daño cerebral irremediable.

Judy y yo estábamos aturdidos. ¿Daño cerebral? ¿Qué significaba eso para su futuro? El médico sólo podía decirnos que los primeros exámenes indicaban que nuestro bebé no tenía control físico sobre sus extremidades y parecía que nunca lo tendría. Estaba respirando por su propia cuenta, pero se le dificultaba mucho. La incubadora parecía estar ayudando. Además, tenían complicaciones alimentándolo con biberón. Teníamos muchas preguntas sin respuesta. No sabíamos qué enfermedad específica o discapacidad tenía nuestro bebé, ni por cuánto tiempo lo afectaría. Judy y yo no teníamos nada de entrenamiento médico y era difícil procesar lo que se nos había dicho. Éramos unos jóvenes de veinte años y habíamos tenido esperanzas de un futuro largo y feliz con nuestro hijo. Ahora temíamos que nuestros sueños se hubieran esfumado.

Eran los comienzos de los años 60, antes de los nuevos avances de la tecnología médica. Las relaciones médico-paciente no eran tan abiertas como lo son ahora. La gente común no tenía acceso a la información en internet o en Discovery channel. Sólo sabíamos lo que nuestras madres nos habían contado de su experiencia, y este no era un tema que surgiera muy a menudo en una conversación. Las mujeres quedaban embarazadas, daban a luz bebés saludables todo el tiempo, sin los beneficios de la tecnología moderna. El alcance del cuidado prenatal eran vitaminas y exámenes físicos. Hasta ahora se estaba desarrollando el ultrasonido para su uso en Obstetricia, y no había forma de ver a tu bebé mientras estuviera en el vientre. Durante el parto, las mujeres rara vez estaban conectadas a monitores fetales, así que las cesáreas de emergencia no existían. Los cirujanos no programaban cesáreas antes del parto. Sin la ayuda de monitores durante el nacimiento, no había forma de saber si el bebé estaba en problemas. En la mayoría de los casos simplemente ibas al hospital y salías un par de días después con un bebé.

El nuestro había estado bien cinco minutos antes de nacer porque el cordón no estaba envuelto alrededor de su cuello. Saber que por poco habríamos tenido un bebé saludable fue probablemente el golpe más fuerte de todos. Pero esas cosas pasan, y posteriormente esa fue la actitud que mi esposa y yo adoptamos. Teníamos que hacerlo. De otra forma habría sido muy doloroso. Habíamos recibido una prueba difícil, pero sabíamos que debíamos encontrar la manera de seguir adelante.

Cuando el doctor salió después de darnos las noticias, Judy y yo lloramos un buen rato. Luego tuvimos una conversación seria. En ese momento, ni siquiera habíamos llenado el certificado de nacimiento ni le habíamos dado un nombre a nuestro hijo. Meses antes habíamos decidido que si teníamos un niño sería un junior. Nunca olvidaré la mirada de mi esposa cuando me preguntó que si, dadas las circunstancias, todavía quería llamar a nuestro primer hijo con mi nombre. No dudé. "Puedes apostar tu vida a que sí", le dije. Estaba decidido a que íbamos a salir de esto victoriosos y que nuestro hijo iba a ser un niño normal con dos padres amorosos. Sabía que no iba a ser fácil, pero ese era mi hijo, mi homónimo. Lo amé desde el momento en que lo vi. Estaba decidido a ser el mejor padre que pudiera, sin importar que él tuviera una discapacidad.

Pasamos por muchas emociones en esos primeros días después del nacimiento de Rick. Judy tenía resentimiento con otras madres por poder llevar a casa bebés saludables mientras que nosotros seguíamos esperando saber el destino de nuestro hijo. Teníamos muchas preguntas sin respuesta. Ella se preocupaba por no saber si podría enfrentar el cuidado de un niño discapacitado. Hablamos de finanzas, y si podríamos tener lo suficiente para proveer la clase de cuidados que necesitaría un hijo en esas condiciones. Incluso nos enfadamos el uno con el otro, aunque los dos sabíamos en el fondo que ninguno era el culpable de lo que había sucedido. Había sido algo inevitable. Discutimos muchas veces sobre la posibilidad de que Rick no sobreviviera. Sabía que en el fondo de la mente de Judy, ella sentía que la muerte de Rick sería para bien y que oraba para que Dios quitara el dolor de nuestro bebé y relegara de sus hombros la carga de tener que criarlo. La situación era extremadamente agotadora, y drenó las energías de todos. Era difícil no tener resentimiento. Todos enfrentamos las bolas curvas de la vida de manera diferente, y ésta fue la bola curva más fuerte que nos fuera lanzada a Judy y a mí. Nos sentíamos engañados. Esto no era en absoluto lo que habíamos planeado.

Sin nada que hacer sino esperar los resultados de exámenes, volví al trabajo. Las crecientes cuentas médicas lo exigieron. Judy permaneció en el hospital unos días más recuperándose del parto. La visitaba lo más seguido que podía, pero los médicos eran renuentes a dejarnos tener al bebé por mucho tiempo. Supongo que no creían que fuera seguro hasta que hicieran más exámenes. Pasaron dos semanas más hasta que pudimos llevar a Rick a casa. Entre tanto nuestras familias se agruparon respaldándonos. Mi madre, habiendo dado a luz a diez niños muy saludables en el mismo hospital, estaba desconcertada y enojada porque los médicos no pudieran dar o no nos dieran más respuestas. Hizo docenas de llamadas al hospital, tratando de encontrar a alguien con quien hablar. A nuestras familias les parecía que cada vez que intentábamos obtener respuestas del personal médico, nos ignoraban o nos las negaban.

Aparentemente el único consejo que podían ofrecer los médicos era que esperáramos a ver qué sucedía. No estábamos satisfechos, pero sencillamente no había nada que hacer. Por un tiempo, los médicos dijeron que Rick recibiría mejor tratamiento en el hospital que en casa, pero después de todo lo que habíamos pasado, de ninguna manera íbamos a dejar a Rick ahí. Finalmente, cuando fue claro que no íbamos a obtener una respuesta diferente, los médicos cedieron, o se rindieron. Nos dijeron que lleváramos a Rick a casa, como si fuera un bebé normal. Estábamos muy felices de finalmente tener a nuestro hijo con nosotros, aunque era atemorizante pensar en lo desconocido y en cómo estaría nuestro hijo cuando llegara a casa. Creo que estábamos en negación en muchos sentidos. Decidimos que Rick iba a estar bien y que tan pronto llegara a casa, seríamos una familia normal, saludable y feliz.

En nuestro camino a casa con Rick ese día a finales de enero, él estuvo tranquilo en los brazos de Judy. Lo vi contraer
y girar su cuerpo, sin hacer ningún ruido. Por una fracción
de segundo me pregunté si estábamos listos para esto. Seguía
pensando en mi propia niñez. Qué niño tan despreocupado
había sido, con todas las oportunidades que tuve a pesar de
haber crecido en una familia grande con un presupuesto limitado. Entendí lo afortunados que habíamos sido todos de ser
tan activos y saludables. Había sido exactamente la clase de
vida que quería darles a mis hijos.

Todos dicen que un hijo te cambia la vida. Nosotros sabíamos que nuestro hijo Rick estaba por cambiar nuestra vida de
maneras que nunca hubiéramos anticipado.

Capítulo 3

El diagnóstico

Los primeros meses con Rick en casa fueron dolorosos, especialmente para Judy. Por lo menos yo podía ir a trabajar todos los días y tener mi mente en otra cosa. Pero ella estaba con Rick todo el día, todos los días. Aunque esperábamos mejoría, y cada noche cuando yo regresaba a casa del trabajo, deseaba oír que nuestro hijo estaba mejor, que estaba sonriendo o balbuceando, o comenzando a darse la vuelta, rápidamente fue claro que había algo muy mal en nuestro bebé.

Para comenzar, Rick nunca lloraba. No era que fuera un bebé calmado. Él no podía llorar ni hacer ningún sonido. Luego estaban los problemas de alimentación. Teníamos muchas dificultades logrando que Rick comiera. Escupía todo y parecía que no podía tragar bien la leche. Dormía mucho, aunque era un sueño espasmódico con sus piernas y brazos abiertos, sacudiéndolos, y sus puños bien cerrados. Y no se despertaba para comer. En la noche, teníamos que programar la alarma para asegurarnos de despertarnos a la hora de alimentarlo. Teníamos que hacerle cosquillas en los pies para despertarlo lo suficiente para alimentarlo.

Tomábamos todo un día a la vez. Aunque le informábamos nuestras preocupaciones al médico de la familia y comenzamos a llevar a Rick a exámenes frecuentes al hospital Winchester, seguíamos sin tener respuestas de los médicos. Ni siquiera nuestro médico familiar podía decirnos qué iba a pasar. Era frustrante, pero no había mucho más que pudiéramos hacer, sólo seguir, presionar en busca de respuestas y esperar mejoría.

Judy y yo teníamos suficiente experiencia con bebés de amigos y familiares como para saber que Rick no se estaba desarrollando según su edad. No estaba llegando a las etapas importantes. Los libros de bebés como "Dr. Spock's Baby and Child Care" nos decían: "Tú sabes más de lo que crees que sabes, así que confía en tus instintos". Nuestros instintos y las evidencias nos lo decían claramente. A los tres meses sabíamos que Rick debería tener capacidad para levantar su cabeza y estar acostado boca abajo tranquilamente. También debería estar agarrando sonajas y moviendo sus brazos y piernas. Debería estar comunicando sus necesidades mediante el llanto. Debería estar haciendo todas esas cosas, pero no. Podía seguirnos con la mirada y parecía responder a nuestras voces pero sus movimientos y gestos eran extraños y no parecían naturales. A los seis meses, cuando otros bebés podían sentarse y darse la vuelta, Rick todavía tenía que estar tendido en la misma posición y no hacía intentos de sentarse. Tampoco podía balbucear como otros niños de seis meses.

Para ayudar con las cuentas médicas, comencé mi propia empresa de albañilería y trabajaba en las noches y en mis tiempos libres cuando no tenía deberes militares. Judy se convirtió en ama de casa. No era extraño que una madre primeriza se quedara en el hogar con su bebé los primeros meses, pero sabíamos que Judy no volvería a trabajar. Tuvo que renunciar a su empleo. Rick la necesitaba en casa. Así que ella permanecía sola con el bebé. Para ella era difícil cuando otras madres pasaban por la casa con sus bebés invitándola a salir a caminar por el vecindario. Llegó al punto de tener miedo de salir o incluso a abrir la puerta cuando alguien llamaba, por miedo a tener que hablar con otras madres respecto a los problemas de Rick. Comenzó a sacarlo a caminar después que todas las madres ya habían vuelto a sus casas en la tarde. Era difícil para ella e incluso la avergonzaba ver mamás llevando bebés saludables en sus paseadores.

Desde luego teníamos el apoyo de nuestras familias, pero sabíamos que las demás personas hablaban y lo que decían era que estábamos malgastando nuestro tiempo en una causa perdida. Era evidente que algo andaba mal con nuestro bebé, ya fuera un defecto mental o físico. Era increíblemente difícil y sin ninguna respuesta real sentíamos que no había un sitio seguro para aterrizar. Luego todo empeoró. Cuando Rick tenía cerca de siete meses, vimos que estaba teniendo extraños espasmos. Judy y yo decidimos que habíamos esperado suficiente. No podíamos seguir esperando despertar una mañana con un bebé saludable. Teníamos que obtener algunas respuestas para lograr entender cómo ayudarlo. Programamos una cita con un pediatra especialista en Medford.

Después de otra serie de exámenes finalmente obtuvimos un diagnóstico oficial, cuando Rick tenía ocho meses. Las noticias eran desgarradoras. El especialista nos dijo que nuestro hijo tenía parálisis cerebral, un desorden neurológico que afecta permanentemente el movimiento corporal y la coordinación muscular. Yo no tenía idea de qué estaba hablando y nunca antes había escuchado la frase *parálisis cerebral*. Tampoco Judy. Quedamos perplejos.

Era difícil aceptar las noticias, en especial de una afección que ninguno de los dos jamás había escuchado. "¿Está usted seguro?", le preguntamos al especialista. Él dijo que tenía certeza del diagnóstico. Rick había sufrido daño cerebral cuando se interrumpió el flujo de oxigeno con el cordón umbilical durante el nacimiento. Tenía un desorden neurológico llamado parálisis cerebral. Lo único que no podía determinar, era exactamente qué parte del cerebro había sufrido daño. Sus funciones motoras habían sido afectadas seriamente, pero tomaría años de desarrollo para que pudiéramos saber el alcance del daño a su capacidad mental. Incluso habló sobre la posibilidad de una cirugía exploratoria en el cerebro, en la que los médicos intencionalmente harían daño a otra parte del cerebro de Rick a fin de contrarrestar la parte que ya estaba dañada. Había una probabilidad del cincuenta por ciento de que Rick sobreviviera a la operación, y no estaban seguros de que funcionaría. De inmediato les dijimos que olvidaran esa posibilidad.

Nos dijeron que uno de los mayores obstáculos en el tratamiento de parálisis cerebral es que no hay dos casos similares. No hay una cura conocida. Puede ocurrir en el nacimiento, durante el embarazo, o incluso en niños de hasta tres años. Algunos bebés sólo son afectados físicamente, mientras que otros tienen discapacidades mentales o una combinación de ambas. Como hay grados variantes de severidad, algunas personas con parálisis cerebral pueden hablar bien pero puede que cojeen un poco. Otros pueden hablar muy lentamente o casi nada. Algunos caminan e incluso corren. Otros están atados a una silla de ruedas. Nuestro doctor familiar en Winchester, posteriormente explicó que el hijo de su hermana tenía parálisis cerebral, pero no tenía idea de lo que sucedía con Rick, dada la severidad de su caso en comparación.

El especialista en Medford nos dio literatura sobre parálisis cerebral y nos reunimos con otros médicos y terapistas que nos explicaron más a fondo. Era demasiado para procesar. Rick era lo que los libros llamaban un cuadripléjico espástico. Sus cuatro extremidades habían sido seriamente afectadas. Nos dijeron que esto significaba que prácticamente nunca caminaría porque sus músculos estaban muy duros y rígidos.

Algunos niños con cuadriplejia también tienen temblores o estremecimientos incontrolables en una parte de sus cuerpos. Esto explicaba los espasmos de nuestro hijo.

Todo esto significaba un futuro devastador para Rick. Mientras escuchábamos a los médicos y tratábamos de entender lo que nos estaban diciendo, creo que Judy y yo estábamos conmocionados. Era la única manera de contener nuestras emociones y evitar quebrantarnos frente a todos. Preguntamos qué debíamos hacer ahora y cómo proceder con el tratamiento. Su respuesta de repente nos aclaró por qué nunca antes habíamos escuchado hablar de parálisis cerebral, y por qué no habíamos visto a un niño en una silla de ruedas. Nos recomendaron poner a Rick en un asilo. "Olvídense de él", dijeron los médicos. "No lo visiten. No piensen en él. Sigan con sus vidas". Eso es lo que familias en situaciones similares habían hecho antes.

Los médicos nos recordaron que éramos jóvenes. Podíamos tener otros hijos. Había una probabilidad en un millón de que esto nos volviera a suceder. Era como si nos estuvieran sugiriendo que debíamos olvidar que Rick había nacido. Judy y yo no habíamos conocido a nadie que hubiera hecho tal cosa, o por lo menos no estábamos enterados, pero sabíamos de los asilos. En ese entonces, eran grandes escuelas estatales a las que las personas con discapacidades eran enviadas. Se rumoraba que era peor que una prisión; los reclusos podían recibir un mejor trato que los pacientes en un asilo. Escuchamos muchas historias de niños y personas que estuvieron en esas instituciones, historias de pacientes sentados todo el día en la esquina, sólo recibían un baño ocasional, bebés con pañales sucios que los dejaban llorando en sus cunas por horas.

Judy y yo no necesitamos ni un segundo para dialogar. Aterrados por la sugerencia de negarle a nuestro hijo una vida con su madre y su padre, nos miramos el uno al otro y dijimos: "De ninguna manera". Los médicos trataron de convencernos que Rick recibiría mejor tratamiento en un asilo y que no había nada que pudiéramos hacer para ayudarle en casa. Nos dijeron que nuestro hijo no era más que un vegetal. Eso no nos importó. No podíamos imaginarnos abandonando a Rick y viviendo una vida sin él, como si nunca hubiera existido. Sin importar qué estuviera mal en él, Rick iba a permanecer en casa con nosotros.

Cuando salimos del consultorio con Rick, Judy y yo entendimos que no teníamos otra elección que criar a este bebé y procurar darle una vida normal. De regreso a casa desde Medford, se abrieron las compuertas. Lloramos todo el camino. Yo seguía pensando en lo que el médico nos había dicho acerca de la condición de Rick y cómo los expertos habían llamado vegetal a nuestro hijo. Parecía imposible que esto le hubiera pasado a nuestra familia. Habíamos deseado respuestas por mucho tiempo pero cuando las obtuvimos casi nos destrozan.

Durante los veinte minutos que nos tomó llegar a casa, experimenté una variedad de emociones, desde ira hasta tristeza y decepción. Si los médicos tenían razón, Rick nunca sería el atleta que había esperado que fuera. Probablemente nunca caminaría ni hablaría. A medida que creciera tendríamos que comprarle una nueva silla de ruedas. Pensé mucho en eso, una silla de ruedas para un niño, cuando nunca había conocido a un adulto que tuviera que usar una. Mis sueños de tener suficientes hijos para nuestro equipo de fútbol se veían tontos y fuera de alcance ahora. Rick necesitaría nuestra completa atención. Yo ya había comenzado a hacer cuentas, imaginándome cuánto costaría poder darle la clase de cuidado que nuestro hijo requeriría en casa. Judy y yo reconocimos que esto no iba a ser fácil, pero la alternativa era impensable. Durante ese afligido regreso a casa, comenzamos a planear el resto de nuestras vidas alrededor de Rick.

Judy y yo decidimos que debíamos buscar consejo con alguien fuera de la comunidad médica. Llamamos al pastor de nuestra congregación que nos casó y le pedimos que fuera a casa para hablar con nosotros. Supongo que sólo queríamos escuchar que la decisión de mantener a Rick en casa era la correcta. Sentimos que era nuestra única elección, pero necesitábamos una opinión imparcial de alguien en quien confiáramos y entendiera estas cosas desde un punto de vista moral. Le explicamos al ministro todo lo que habíamos enfrentado en los últimos ocho meses. Le hablamos del diagnóstico de los especialistas. Le mostramos nuestro bebé, tendido callado y rígido en su cuna. Oramos juntos y hablamos.

Fue una reunión de consuelo, un verdadero momento decisivo en nuestras vidas. El ministro no nos dio un ultimátum, ni nos recomendó elegir una u otra ruta. A diferencia de eso, sin endulzar nada, fue directo. Dijo que no podía predecir el futuro, y como ministro, no sabía más sobre la condición de Rick de lo que nosotros sabíamos. Aunque fue renuente a dar consejo, sí nos mostró nuestras dos opciones. Podíamos enviar a Rick a una institución mental y olvidarnos de él, o criarlo en casa lo mejor que pudiéramos. Ya los médicos nos habían dado la primera opción y la habíamos rechazado, así que sabíamos exactamente qué hacer y teníamos confianza en nuestra decisión. Criaríamos y amaríamos a Rick como lo haríamos con cualquier niño. De ahí en adelante, no se discutieron más opciones. Nos convertimos en defensores de nuestro hijo. También comenzamos a reunirnos con familias que tenían hijos discapacitados, y procuramos ayudar a otros compartiendo nuestras historias y apoyándonos mutuamente por medio de la amistad.

Así, a pesar de las obvias necesidades especiales de Rick, lo tratamos como a un bebé normal. Tan pronto los médicos entendieron que lo íbamos a conservar, organizaron a amas de casas y vecinos que trabajaban como voluntarios para que vinieran a nuestra casa a ayudarnos con terapias, estirando y masajeando los brazos y piernas de Rick. A medida que crecía, comenzamos a llevarlo al Hospital Infantil de Boston para terapia física. Era un trayecto de una hora y quince minutos, y según sus citas, al comienzo íbamos una vez a la semana.

Como habíamos aprendido que muchos niños con parálisis cerebral desarrollan retrasos de desarrollo o discapacidades de aprendizaje, al comienzo nos preocupaba qué significaría eso para Rick. Pero no nos preocupamos por mucho tiempo. Cuando le hablábamos y lo mirábamos a los ojos, él nos miraba a nosotros. Sabíamos que era inteligente. No podía comunicarse llorando o hablando, pero tenía otras formas de hacernos saber lo que estaba sintiendo o pensando. Judy y yo notamos que a Rick le gustaba ver por la ventana para esperarme cuando sabía que llegaba a casa del trabajo. Cuando yo entraba, tenía una gran sonrisa. Era algo por lo que valía la pena volver a casa, sólo para ver la mirada en su carita y en sus ojos brillantes. No había forma de negar su inteligencia.

En el Hospital Infantil de Boston, finalmente conocimos a un médico que estaba de acuerdo con nosotros. El doctor Robert Fitzgerald era un psicólogo que había estado confinado a una silla de ruedas desde un ataque de polio en su juventud. Nos ofreció terapia familiar mucho antes que esa fuera una práctica común. Sentimos que fue el primer médico que realmente nos escuchó y nos dio ideas para hacer la niñez de Rick lo más normal posible. Nos animó a tratar a Rick como si no fuera discapacitado, incluyéndolo en actividades familiares, y dándole las experiencias que los bebés de nuestros amigos estaban teniendo.

Mientras veíamos a Rick crecer y adaptarse, Judy y yo hablábamos más y más de aumentar nuestra familia. En ese momento, Rick tenía dieciocho meses. De verdad queríamos darle un hermano o hermana, pero por supuesto nos preocupaba lo que pudiera pasar. Nos aseguraron que había pocas posibilidades o ninguna de que algo como el nacimiento de Rick volviera a suceder. Aún así, la más mínima posibilidad nos hacía sentir nerviosos. Yo tenía dos empleos: de tiempo completo en la Guardia Nacional así como medio tiempo con mi empresa de albañilería, sólo para pagar el tratamiento de Rick. Otro hijo con discapacidad no sólo nos aplastaría emocionalmente, sino que probablemente no podríamos sobrevivir financieramente.

El doctor Fitzgerald nos aseguró que no había nada que temer. Éramos capaces de tener hijos saludables. El médico de nuestra familia podría monitorear el embarazo y estar alerta de cualquier problema antes de que ocurriera. El doctor Fitzgerald nos dijo que tener otro hijo traería balance a la familia y nos forzaría a mimar menos a Rick. La devoción por nuestro primogénito era aparente, pero era evidente que estábamos siendo sobre protectores debido a su discapacidad. Desde el comienzo presionamos a otros a tratar normalmente a Rick, y nosotros no queríamos tratarlo diferente, ya fuera intencionalmente o no. Decidimos que era el momento para tener otro hijo.

No pasó mucho tiempo para que Judy quedara embarazada de nuevo. En 17 de abril de 1964, nuestro segundo hijo, Robert Stanley Hoyt, nació gritando a todo pulmón en el mismo hospital Winchester donde Rick y dos generaciones más de Hoyt habían nacido. La gente siempre nos pregunta por qué volvimos al hospital donde habíamos sufrido complicaciones durante el nacimiento. Judy y yo nunca estuvimos enojados con el médico. Esas cosas sencillamente pasan y tú debes enfrentarlas. Habríamos amado a Rick igual como si nunca hubiera tenido su cordón umbilical enredado en el cuello.

Con el nacimiento de nuestro segundo hijo, no hubo complicaciones. Tuvimos un hermoso y saludable bebé al que no podíamos esperar para llevarlo a casa a que conociera a su hermano mayor.

Capítulo 4

Recuerdos de la niñez

Con dos niños en casa no teníamos momentos aburridos. Cuando nuestra familia de tres se expandió para incluir a Rob, muy pronto supimos que tener dos hijos menores de tres años a veces podía ser muy difícil. Súmale a eso el hecho de que uno de los niños era sano mientras que el otro tenía necesidades especiales. Pero estábamos decididos a seguir con nuestra promesa de criar a Rick como cualquier niño.

Hasta entonces, Judy y yo habíamos ido la milla extra para asegurarnos que Rick tuviera una niñez normal. Cuando llegó su hermanito, nuestro mayor reto fue hacer que Rick no se sintiera excluido a medida que Rob avanzaba en ciertas etapas de niñez y desarrollo. Cuando Rob comenzó a gatear y a explorar por toda la casa, se me ocurrió el diseño de un monopatín para que Rick pudiera estar con él. Lo llamábamos el gateador, y simplemente era una cesta metálica a la que le puse ruedas. Judy ponía una almohada en la cesta para que Rick estuviera cómodo, y cuando lo acostábamos sobre la almohada, sus rígidos bracitos y piernitas podían patear e impulsarlo hacia adelante y hacia atrás. Aprendió a manejarlo muy rápido, y los dos niños se divertían deslizándose juntos por todas partes. Además modifiqué un balón de terapia, algo con lo que Rick también pudiera jugar. Este invento lo llamamos balón de tierra. Era un balón de goma grande y aplanado sobre el que poníamos a Rick. La superficie suave le permitía estirarse y rebotar mientras estaba acostado. Los rebotes servían como masaje, lo cual era terapéutico. Pero el balón también era un juguete. Él y su hermanito jugaban sobre él juntos, y si Rick se caía de él, los dos simplemente se reían mucho. Estaba a nivel del piso así que no había ningún peligro. El balón de tierra les dio horas de entrenamiento a ambos chicos.

A medida que nos adaptábamos a la idea de tener un hijo con necesidades especiales, la actitud cambió en el hogar y también en el vecindario. Nunca había visto nada malo con mostrar a nuestro bebé, pero eso le preocupaba a Judy. Los vecinos sabían que teníamos un bebé, y era natural que hicieran preguntas. Cuando personas que no eran familiares veían a Rick y su apariencia por primera vez, a menudo era incómodo tratar de explicar nuestra situación. Judy se sentía rechazada por tener que responder a sus preguntas, como si tuviera que defender nuestra elección de amar a nuestro hijo. Yo no culpaba a los vecinos por ser curiosos. Como nosotros, ellos nunca habían visto algo como la discapacidad de Rick. A la mayoría de la gente en nuestra situación se les decía que cerraran las ventanas, bajaran las cortinas y no hablaran del niño que había adentro. Nunca nos sentimos bien con eso y sabíamos que no era una forma de vida. Cuando comenzamos a llevar a Rick a todas partes, los vecinos cambiaron de opinión. A menudo ayudaban a hacer cosas en la casa, y en poco tiempo, sólo éramos otra familia feliz en el vecindario. Establecimos amistades muy fuertes.

Queríamos que Rick se desarrollara como otros niños. El doctor Fitzgerald nos sugirió como primer paso enseñarle el alfabeto. A Rick siempre le gustó que le leyéramos, pero teníamos que hallar una manera de enseñarle lo que significaban las letras y las palabras. A Judy se le ocurrió la idea de recortar letras con papel de lija. Como Rick no podía controlar sus manos, se las guiaríamos sobre el papel de lija para que las pudiera sentir y ver. Judy pegó las letras y señales casi sobre todo en la casa. Y funcionó. Era obvio que Rick podía reconocer objetos y asociarlos con letras y palabras. También le traíamos vasijas y cacerolas para que las sintiera, así sabría la diferencia entre caliente y frío, y aprendería a no jugar con cosas calientes. De muchas formas era igual que enseñarle a cualquier niño. Rick no podía decir verbalmente que entendía, pero sabíamos que lo hacía, estábamos decididos a buscar un sistema de comunicación que confirmara eso.

Cuando Rick tenía cinco años, nuestra familia de cuatro, pasó a ser una familia de cinco miembros. Nuestro hijo menor, Russell, nació el 17 de octubre de 1967, con un par de pulmones saludables como su hermano Rob. Nuestra familia estaba completa, y con tres chicos creciendo, era importante que yo proveyera para todos. Trabajaba muchas horas en mi negocio de construcción y también lo hacía tiempo completo para la Guardia Nacional del Ejército en el sistema Nike de misiles Hércules. Me tracé como meta llegar a oficial, y para cuando Russ nació, había sido aceptado y terminado todo el entrenamiento de la escuela de candidatos a oficiales y me esforcé subiendo de rangos militares desde teniente segundo hasta mayor. Las promociones eran agradables, y el aumento del dinero en los pagos nos ayudó a pagar los gastos médicos de Rick y la terapia física.

Usualmente no teníamos mucha solvencia económica, pero nunca nos faltó la diversión. Compensábamos lo que nos podía faltar en posesiones materiales, pasando tiempo de calidad juntos en familia. Antes había considerado la caza, la pesca y el softbol como mis pasatiempos, pero ahora pasaba cualquier momento libre con mis hijos. La familia era el mejor uso del tiempo extra, y no necesitábamos mucho dinero complementario para ser felices estando juntos.

Mientras Rob y Russ avanzaban en sus etapas de desarrollo, nuestro hijo mayor avanzaba en sus etapas médicas. Rick tuvo su primera silla de ruedas más bien temprano, tan pronto como se volvió muy pesado de cargar. La silla fue un largo camino para capacitarlo a entrar en acción y por lo menos estar sentado derecho para que pudiera ver el mundo desde esa perspectiva. También lo ayudó con su postura y tensión muscular. El cuerpo de Rick es como salsa de arándano. No tiene apoyo en la columna vertebral. Sus sillas de ruedas siempre han estado acondicionadas con formas para evitar que se resbale y caiga de la silla. Como sus músculos están tensos constantemente y reajustándose, él necesita la rigidez. Incluso ahora, en una silla de ruedas especialmente acondicionada, moldeada a su cuerpo, él tiene que acomodarse con frecuencia para estar cómodo. La silla es su estabilizador. Aunque nunca antes habíamos visto a un adulto en silla de ruedas, mucho menos a un niño, ésta se hizo parte de nuestra vida, una forma de enriquecer a la familia con la experiencia de Rick como miembro. Russ ha dicho que cuando era niño, pensaba que todas las familias tenían un miembro en silla de ruedas. En nuestras vidas, eso era normal, y lo que Rick necesitara, lo aceptábamos y lo atendíamos con naturalidad como si fuera con Rob o Russ. Después de todo, esa había sido nuestra meta desde el comienzo: equipar a un niño que físicamente parecía diferente a los otros niños, pero que sabíamos era vibrante y activo en el interior como lo eran sus hermanos menores en el exterior.

Basados en la sugerencia inicial del doctor Fitzgerald respecto a tomar riesgos y permitir que nuestro hijo mayor participara en las actividades en las que participaban las personas sanas que lo rodeaban, llevamos a Rick a nuestras vacaciones familiares. Rick iba a todas partes con nosotros, así como los demás niños. Si íbamos al supermercado a comprar pan o leche, los niños siempre querían venir incluido Rick. Tomábamos el tiempo extra para meter su silla en el auto y acomodarlo con nosotros. Incluso de vez en cuando llevaba a Rick a mis trabajos de construcción. Una vez lo subí a él con su silla de ruedas al techo de una casa en la que estaba trabajando para que pudiera ver cómo armaba una chimenea. El tiempo de juego no era diferente. Rick estaba justo ahí en el medio. Si íbamos a la playa, Rick también iba. Atábamos un cordel de pesca con una carnada en el otro extremo, al dedo de Rick, y cuando atrapaba algo, lo recogíamos para él. Rick incluso jugaba hockey de calle con sus hermanos y los niños del vecindario. Con un bastón de arquero atado al frente de su silla de ruedas y uno de sus hermanos empujando la silla, era un gran arquero.

Cuando Rick era joven, toda la familia se reunía para ir de excursión. Yo dirigía, con Rick colgando alrededor de mi cuello en posición de rescate, y Judy, Rob y Russ iban detrás. A veces la demás gente sencillamente no sabía qué pensar de nosotros. Nunca olvidaré la vez que estábamos ascendiendo el monte Monadnock en New Hampshire. Rick y yo íbamos adelante y comenzamos a subir la montaña, con Judy y los chicos atrás. Una joven familia pasó por el lado de nosotros, venían en dirección opuesta y nos miraron un poco mientras seguían su descenso. Cuando pasaron por el lado de Judy y nuestros dos hijos menores, les advirtieron: "Allá adelante va un hombre con su hijo muerto hacia la cima de la montaña. ¡Creemos que lo va a sacrificar!" Judy y yo nos reímos de eso.

Nadar era un pasatiempo favorito para los niños. Había que ver cuando Rick estaba en el agua. En Falmouth, lo llevamos a la piscina pública. Si la gente no nos había visto antes, a veces veíamos que nos observaban o daban un vistazo de reojo. Supongo que se veía muy extraño, sacar a Rick de su silla de ruedas y arrojarlo al agua. Le decíamos a Rick que sostuviera la respiración mientras se hundía en el agua. En ese entonces yo no nadaba y nunca había aprendido a hacerlo, pero Rob y Russ habían tomado lecciones y eran muy buenos nadadores.

Ellos nunca dejaban que Rick se hundiera en el agua y siempre saltaban y lo sacaban a la superficie. No es extraño que otros nadadores en la piscina no pensaran que los hermanos intencionalmente estaban ahogando a un niño discapacitado. Era una gran terapia para Rick. A él le encantaba estar en el agua y era una oportunidad muy buena para él fortalecer su relación con sus hermanos menores y aprender a confiar en que ellos nunca le fallarían. Nadar en sí era un ejercicio de bajo impacto que le permitía a Rick sentirse menos discapacitado.

Sin embargo tuvimos algunos sustos en el agua. La primera vez que viví en El Paso fue antes de casarme. En mi segunda asignación en El Paso también llevé a mi familia y vivimos allá por un corto tiempo cuando los niños todavía eran pequeños. Para el deleite de mis hijos el edificio de apartamentos en el que vivíamos tenía una piscina. Mientras yo estaba en la parte menos profunda, lanzando a los pequeños Rob y Russ hacia la parte profunda, Rick se estaba relajando en el borde de la piscina. De repente, Rick rodó al agua y rápidamente se hundió. Un vecino que reaccionó rápido corrió a la piscina, se zambulló y sacó a Rick, que salió a la superficie botando agua por la nariz y la boca y riendo histérico.

Cuando nos mudamos a Flamouth, Massachusetts, vivimos en una casa ubicada al lado de un lago de agua dulce que desembocaba en el mar por medio de un terraplén. En el verano, los chicos se ponían sus chalecos salvavidas, se metían en una balsa, remaban hasta el centro de la desembocadura y volteaban la balsa, lanzándose los tres a la mezcla de agua salada y dulce. Rob y Russ nadaban buscando a Rick y lo volteaban si era necesario. Rick siempre salía, como la vez de la piscina, botando agua por la nariz y la boca riéndose. Luego sus hermanos vaciaban el agua de la balsa, la enderezaban, volvían a subirse y hacían todo de nuevo. Yo estaba trabajando y Judy siempre estaba vigilándolos desde la casa. Mientras ella hacía las labores del hogar y otras cosas, los niños quedaban libres para divertirse. Tratamos de darles mucha libertad mientras pensáramos que era seguro, ¡pero ellos se salían con la suya cuando pensaban que no estábamos viendo! Milagrosamente sobrevivieron a sus travesuras de niños.

Mientras escribía este libro les pedí a mis hijos que compartieran algunas historias de su niñez. Rob me recordó un verano cuando vivíamos en Cape, y Judy y yo dejamos a los tres niños una tarde en la casa de su amada abuela, (la madre de Judy), mientras nosotros salíamos a tener un tiempo a solas. La abuela estaba muy orgullosa de los tomates que había sembrado en la arena alrededor de su casa en Cape. No sé cómo logró hacer que crecieran en ese suelo arenoso. Esa noche de verano, su cultivo de tomates estaba listo para recogerse, y ella quería compartir su recompensa con los chicos. Siempre un poco incómoda por alimentar a Rick, la abuela lo cubría de pies a cabeza con toallas para atrapar cualquier residuo de comida que cayera de su lengua que funcionaba al revés. La abuela introdujo una dulce tajada de tomate en la boca de Rick y él, con una mirada irónica escupió la tajada pasando por encima de las toallas y cayendo en los pies descalzos de la abuela. A los chicos les encantó la reacción horrorizada de la abuela. Rob dijo que fue una de las mejores cenas que tuvo. Rick comió cada pedazo de tomate el resto de la tarde sin regar una sola gota.

El sentido del humor de Rick puede coger fuera de base a los demás. Rob recuerda una conferencia en una universidad local. Rick debía tener más o menos quince años. Fue durante el tiempo en el que Judy iba a escuelas locales y a clubes a hablar sobre crear conciencia de las discapacidades, y a veces llevaba a Rick y a sus hermanos con ella. Rob y Rick estaban frente a un salón de estudiantes universitarios, mientras que Judy hablaba sobre la vida con un discapacitado. Ella se paró en el podio con Rick y Rob detrás de ella. Rick se estaba divirtiendo un poco detrás de su madre. Por ejemplo, cuando

Judy habló de la inhabilidad de Rick para usar sus brazos él los levantó y los movió lo que más pudo. La clase, desde luego, estalló en risas. Cuando la clase se reunió alrededor de Rick al final de la charla, las espásticas manos de Rick convenientemente lograban llegar al trasero o al pecho de cualquier chica hermosa que estuviera al alcance.

Russ también compartió unas muy buenas anécdotas. Rick tenía como catorce o quince años cuando un día, después del colegio, les dijo a sus hermanos que lo vistieran con uno de los vestidos de su madre. Aparentemente, también le pusieron un brasier relleno con frutas de la cocina. Pusieron a Rick en el frente de la casa para que tan pronto Judy llegara después de hacer diligencias, viera cómo se habría visto su "hija" si las cosas hubieran sido diferentes.

Russ recuerda (y yo recuerdo que quise torcerle el cuello) que, por insistencia de Rick, él y Rob cavaron un hoyo en el bosque y pusieron a Rick ahí. Rick tenía como diez años en ese entonces. Ellos cubrieron el hoyo con un trozo de madera y la cubrieron con hojas. Luego dejaron su silla vacía cerca con una nota que decía: "Rescate: corran la hora de acostarnos hasta las 10:00 p.m. y les diremos donde cavar". Puedes adivinar el resto. Cuando Russ y Rob regresaron a casa poco antes de cenar y les preguntamos dónde estaba su hermano, nos dijeron que estaba esperándonos en el bosque. Después que Judy y yo arrancamos a buscar a Rick, Russ sabiamente decidió que él y Rob deberían ir a la casa de un amigo antes de que volviéramos, donde permanecieron hasta mucho después de la cena.

Un elemento central de todas estas experiencias es el espíritu resistente y feliz de Rick. Él siempre ha sido una persona amable, pero haría cualquier broma sólo por una buena carcajada. Era un niño que prefería reír en lugar de llorar y parecía haber tomado la decisión consciente de hacerlo hacía mucho tiempo. "Siempre ríe y sonríe con lo que sea que la vida le dé", me dijo Rob, "en medio del dolor o la tristeza, en medio de cualquier reto, todos los días, desde el primero". Rob a menudo ha dicho que tiene mucha inspiración de su hermano mayor y valor para seguir adelante, sin importar nada. Como me escribió: "¿Cómo puedo ver como reto cualquier cosa que me presente la vida, comparado con lo que él enfrenta cada día?" Yo mismo no habría podido decirlo mejor.

Capítulo 5

Obstáculos en la educación temprana

Siempre he dicho que Rick tiene más paciencia que cualquier persona que yo conozca. Aún siendo muy niño, fue un luchador. Se adaptaba muy bien, considerando su discapacidad, y se llevaba muy bien con sus hermanos menores y niños del vecindario. Judy y yo asistíamos a la iglesia con frecuencia así que lo llevábamos a la escuela dominical y luego lo inscribíamos en la escuela de la iglesia, un preescolar para los niños pequeños de quienes asistían a nuestra congregación. Los maestros de escuela dominical confirmaban que Rick era inteligente, algo que Judy y yo habíamos reconocido desde el comienzo. No se podía negar el brillo de sus ojos. Rick conocía el alfabeto y podía identificar objetos y personas. Podía hacernos señas y expresar sus necesidades. Médicos que dijeron que nunca iba a poder entrenarse para usar el baño, se asombraron cuando les informamos que lo había hecho antes que nuestros otros dos hijos. Rick aprendió a controlar sus hábitos para el baño a temprana edad. Todo lo que hacía era realmente increíble y los demás respondían a eso. Era muy sociable y podía iluminar una habitación llena de gente. Había demostrado que podía jugar, reír y aprender.

A Rick le encantaba estar con otras personas y siempre tenía una sonrisa en su rostro cuando interactuaba con otras familias en el Hospital Infantil de Boston, en sus citas de Fisioterapia. La sesión era buena para nosotros también. Conocimos a otros padres de niños con discapacidades, que tomaron la misma decisión de conservar a sus hijos en casa. Había otros niños con parálisis cerebral en el grupo, pero no estaban tan afectados como Rick. Algunos de ellos podían hablar, caminar o usar sus brazos. La mayoría de los que estaban en silla de ruedas, sabían controlar sus propias sillas, a diferencia de Rick. Aún así solíamos comparar notas y compartir ideas acerca de criar una familia que incluía a un niño discapacitado. También tratábamos de hacer algo fuera de la terapia con ellos, cuando se pudieran organizar salidas divertidas para reunirnos. Judy y yo incluso trabajamos para iniciar una asociación de padres de niños con parálisis cerebral en nuestro condado, para que padres de la zona que tenían hijos con PC que quisieran reunirse y hablar sobre cómo vincular a nuestros hijos al sistema de escuelas públicas. En nuestra comunidad más cercana no había nadie que tuviera hijos con la discapacidad de Rick, pero había por lo menos una familia, Los Murphy, de Medford, Massachusetts, que queda a sólo unos pueblos de distancia. Nuestras familias se reunían tanto como podían para socializar e íbamos a las fiestas de cumpleaños de los niños y eventos similares. Sabíamos que debía haber más. No queríamos que otros padres sintieran que estaban pasando por eso solos.

Cuando tenía sólo seis años, Rick contaba con la misma inteligencia de un aprendiz rápido y mostraba mucha paciencia. Había superado las expectativas de todos y se graduó del jardín de niños de la iglesia. Estábamos muy orgullosos de

todo lo que había logrado. Era un niño muy dulce, aunque hacía toda clase de travesuras con sus hermanos menores. Tenía
una risa astuta y reía cuando cualquiera de nosotros hacía algo
chistoso. Sabíamos que tenía un agudo sentido del humor y
que se convertiría en todo un humorista. Rick estaba en medio
de todo, como le gustaba. Era socialmente activo, gracias a
las actividades de la iglesia, jugaba con niños del vecindario, y
venía con nosotros a las salidas familiares.

Mientras Rick asistía al jardín infantil de la iglesia y más
adelante mientras su madre le enseñaba en casa, lo llevábamos
a las instalaciones de Unidad de Parálisis Cerebral en Lawrence, a diez u once millas de distancia. Allá conocimos a una terapista ocupacional que nos apoyó mucho, Fay Kimball, quien
pasó mucho tiempo con Rick y pudo ver lo que nosotros veíamos: que Rick era inteligente y más que capaz de entender y
aprender. Fay fue de mucha ayuda en el progreso de Rick y fue
una maestra y terapista que dejó su marca positiva. Sabemos
que Rick dejó una impresión positiva en ella también. (Ella
recordaba a nuestra familia cuando se presentaba una oportunidad increíble).

Con su participación en todas las actividades familiares
y sus frecuentes visitas al Hospital Infantil de Boston, y a las
instalaciones de entrenamiento de parálisis cerebral para hacer sus terapias, Rick y el resto de la familia entendimos completamente sus capacidades físicas así como sus limitaciones.
Habíamos vivido con parálisis cerebral por seis años, y aunque
siempre estábamos aprendiendo más sobre la enfermedad,
éramos expertos comparados con la vez que escuchamos por
primera vez el diagnóstico de Rick. Todos habíamos llegado
lejos. El siguiente paso parecía obvio. Sabíamos que nuestro
hijo estaba listo para el salón de clases. Como la iglesia no
ofrecía educación más allá del kínder, Judy y yo nos propusimos registrar a Rick en el primer grado en *North Reading*.

El proceso no era tan sencillo como ingenuamente habíamos asumido. Para desánimo nuestro, la administración local de la escuela se rehusó a permitir que Rick asistiera a clases en sitios donde no podía caminar, hablar ni alimentarse por sí mismo. Procuramos razonar con los funcionarios de la escuela. A Rick le estaba yendo bien con la terapia y los médicos y enfermeras se asombraban con su progreso. Nuestro hijo era inteligente y estaba motivado para aprender. Sólo estaba atrapado en un cuerpo que no le permitía expresar sus capacidades. La resistencia puesta por el sistema de escuelas públicas fue dolorosa y angustiante. Nunca quisimos que Rick tuviera impedimentos sociales por su discapacidad, y teníamos la certeza que tampoco queríamos que tuviera impedimentos educativos.

Judy y yo nos negamos a ser derrotados. Judy programó una audiencia con la junta de la escuela a fin de presentar nuestro caso para que Rick asistiera a la escuela pública. Debido a mi trabajo no pude asistir a la audiencia. Judy tuvo que ir sola y servir como nuestra voz colectiva. Aparentemente, las cosas se calentaron bastante durante la audiencia, y las emociones se elevaron en ambas partes. Lo más frustrante, dijo Judy después, fue que sintió como si no estuviera llegando a ninguna parte. Sin importar qué dijera o la evidencia de la habilidad de Rick para aprender, la junta de miembros de la escuela no escuchaba. Si fuera cuestión de preocupación por su situación médica, ella les dijo, podíamos arreglar que alguien esté presente en el salón para atender sus necesidades físicas. Ella informó que él sabía usar el baño y tenía más control sobre su cuerpo que la mayoría de niños de su edad. Teníamos informes médicos y permisos de los que asistían en sus cuidados médicos. Estábamos dispuestos a hacer cualquier concesión para que nuestro hijo entrara al salón de clases, su oportunidad a una educación era así de importante para nosotros, pero parecía que los funcionarios escolares habían tomado una decisión antes que Judy presentara nuestro caso. La respuesta seguía siendo no.

Lo que los miembros de la junta escolar veían, era a un niño severamente discapacitado en una silla de ruedas con dos padres en negación seria respecto a sus habilidades. Ellos no se sobreponían a la apariencia de nuestro hijo e injustamente lo juzgaron por eso. Se aferraron a su creencia de que Rick era incapaz de comunicarse y por lo tanto, incapaz de entender cualquier cosa que se le pudiera enseñar. Involucrarlo dentro del programa de aprendizaje regular no le haría ningún bien, nos dijeron, y él sólo serviría como distracción para otros niños. No había forma de cambiar su decisión.

Cuando llegué a casa después del trabajo, Judy todavía estaba indignada por la audiencia. Después que se relajó, decidimos que estábamos determinados a sacar lo mejor de la situación y de alguna manera cambiar la posición de los miembros de la junta.

Aunque los administradores de la escuela no permitirían que Rick se sentara en el salón de clases con los otros estudiantes, sí asignaron un programa de estudio en casa de cuatro horas por semana. El único problema era que el programa no incluía un maestro. Judy no sólo debía cuidar los tres chicos sino también tenía que servir de tutora para el único en edad escolar. Ya era suficientemente difícil correr por todas partes detrás de dos infantes activos como para quedar sola proveyendo atención especial a un niño discapacitado. Había momentos en los que yo llegaba a casa, y ella me decía que no sabía si podría seguir haciéndolo. Sencillamente era muy difícil. Le encantaba ser madre pero no se había comprometido a ser maestra de tiempo completo. Ella sentía que había hecho grande avances con Rick usando lo que había aprendido de los terapistas respecto a métodos alternativos de aprendizaje e interacción física, pero no se sentía calificada para ser maestra. Sin embargo persistió todo el tiempo trabajando hacia la meta definitiva de lograr que Rick entrara al sistema escolar. Lentamente, pero a paso firme, con el respaldo de otros en el campo médico, comenzamos a convencer a personas del sistema escolar que nuestro hijo era inteligente y capaz de aprender. Estábamos haciendo algo de progreso. Entre tanto, nos vimos forzados a registrar a Rick en una escuela para niños discapacitados pero Judy y yo no teníamos la intención que fuera permanente.

En esa época las escuelas para niños en condiciones similares en realidad sólo eran guarderías infantiles. La gente dejaba a sus hijos durante el día; ese era todo el alcance que tenía una guardería para discapacitados. La escuela de Rick literalmente era un hogar para ancianos, donde la Unidad de Parálisis Cerebral rentaba una sección. Era un viejo edificio de ladrillo que recibía a toda clase de personas discapacitadas. Dos de las clases para los niños estaban divididas en "grados" basados en edades: de cuatro a ocho años y de nueve en adelante. El programa incluía terapia ocupacional, física y de lenguaje. Judy daba lecciones de natación para ayudar a pagar la terapia de Rick. Judy no iba a clases con Rick; cada salón tenía un asistente para ayudar a los discapacitados. Los maestros en esos programas eran más como niñeros.

Como la escuela era para niños con discapacidades tanto mentales como físicas, es de imaginarse el tipo de educación que estaba recibiendo. No es que esa clase de programas no tuvieran mérito o que sintiéramos que descuidaban a Rick; sencillamente no era lo que sabíamos que él necesitaba, todo lo opuesto. Era comparable con los médicos señalándolo con sus anteojos cuando tenía cuatro años. El cerebro de Rick, así como su visión, estaban bien. Ponerlo en un salón de clases con niños mentalmente discapacitados habría impedido su crecimiento. Rick realmente necesitaba instrucción personalizada, pero ese ambiente no lo permitía. Ahí había un gran salón con un maestro y por lo menos una docena de niños necesitados. La maestra hacía lo mejor considerando la situación. No estaba tan mal como podría ser una institución, pero nos decepcionaba y frustraba que un niño inteligente no tuviera la oportunidad de sobresalir.

Algo bueno acerca de la escuela es que nos relacionó con otras familias con niños discapacitados. Esto nos permitió encontrar actividades extracurriculares disponibles para niños como Rick, incluyendo deportes y campamentos. Nos emocionó inscribirlo en una liga de hockey de calle para discapacitados ya que a él le alegraba mucho practicar deportes. Lo sabíamos por lo emocionado que se ponía cuando sabía que era la hora de un juego y por su mal humor cuando este terminaba y era hora de ir a casa. Rick había heredado mi amor por los deportes. Especialmente se emocionaba con el hockey en todas las formas y se enloquecía con los Bruins de Boston. Había seguido sus temporadas de triunfos (y derrotas) con absorta atención.

Así que nuestro hijo pudo practicar deportes y sentirse como si sólo fuera un niño más. Era competitivo y le encantaba anotar o incluso mejor, ganar. Todavía tiene algunas cicatrices de batalla que le recuerdan esos primeros años. Una vez, cuando tenía alrededor de diez años, en un campo de fútbol de Easter Seals, una orientadora accidentalmente lo dejó rodar cuando se emocionó porque el equipo de Rick había anotado un gol. Cayó de cara contra el piso, tumbándose los dos dientes centrales. Los implantes de color plata hacían que todos lo llamaran "diente brillante". A Rick le encantaba la atención. Esos implantes, no duraron mucho, porque tenía el hábito de rechinar sus dientes brillantes que sólo duraron como un año, pero le encantaron. Él dice que esa lesión fue la mejor y la más gloriosa que tuvo, porque sucedió mientras practicaba un deporte.

Aún así no podíamos dejar a un lado nuestro deseo de que nuestro hijo estuviera incluido con los demás. El resto de los niños de su edad iban a la escuela, en el bus todos los días con sus loncheras.

Todo lo que queríamos era lo mismo para Rick. En lugar de eso, año tras año, por cinco o seis años, Rick miraba desde su silla de ruedas cómo los niños del vecindario y luego sus propios hermanos abordaban el bus escolar. Se sentía aislado. Cierto, él estaba yendo a la escuela para niños discapacitados medio tiempo, pero no era lo mismo que abordar el gran bus amarillo con todos los otros niños e ir a la escuela todo el día.

Durante uno de mis trabajos de entrenamiento en la escuela militar, cuando vivíamos en El Paso, Texas, Rick asistió a una clase especial para discapacitados. Llegaba allá en un servicio de taxi público, que fue lo más cerca a un bus escolar que él hubiera visto. Desafortunadamente, el conductor del taxi bebía, lo cual nosotros ignorábamos hasta que ocurrió un accidente menor yendo Rick como pasajero. Nuestro hijo cayó al suelo del taxi y se dio algunos golpes. Cuando el taxista finalmente trajo a Rick a casa, se disculpó mucho con Judy. Decía todo el tiempo: "Él está bien, él está bien. Sólo estaba en el piso". Pero el incidente puso rápidamente un alto a esa forma de transporte escolar. Desde entonces, hicimos otros arreglos. Entendimos que el sólo transporte de Rick a la escuela podía causar dificultades. Y nos parecía que el destino final casi que no valía la pena el dolor y esfuerzo para llegar allá.

Todo el tiempo que Rick asistió a escuelas para discapacitados podíamos darnos cuenta de que no estaba feliz en el programa. Siempre se veía triste. Incluso de niño, Rick siempre tuvo una sonrisa en su rostro, simplemente estaba alegre casi todo el tiempo, pero ese no era el caso cuando asistía a escuelas para discapacitados. Incluso nos lo decía. Podíamos hacerle preguntas a las que respondiera con sí o no, y lo hacía. Cuando le preguntamos si estaba feliz en la escuela, sacudía su cabeza diciendo que no. Aunque el personal de aquel lugar no era descortés con él, su mente no estaba siendo estimulada. Sólo era otro niño en una silla de ruedas, alguien que no podía caminar o hablar y por eso la única ayuda que obtenía era que lo llevaran de una habitación a otra.

Ahora, parece muy obvio no hacer suposiciones sobre la capacidad mental de una persona únicamente porque no puede ponerse de pie o expresar audiblemente lo que está pensando. Ni la silla de ruedas ni la incapacidad de Rick para hablar nos molestaron o detuvieron. La silla de ruedas se había convertido en una extensión de Rick y era como una parte de él. Rick seguramente no tenía la capacidad para vocalizar sus pensamientos, pero nosotros habíamos aprendido a interpretar sus expresiones y nos habíamos tomado el tiempo para enseñarle habilidades del lenguaje, así como se hace con cualquier niño. Sin embargo, a finales de los años de 1960, y a comienzos de 1970, no se entendía el hecho de que un creciente número de la población era discapacitada porque simplemente ellos estaban escondidos. Rick, sin saberlo, o probablemente deseando serlo, era pionero en territorio inexplorado. Como padres, sabíamos que él merecía las oportunidades que se le estaban negando. A pesar de nuestras decepciones, no nos rendimos. Sabíamos que debía haber una solución, si tan sólo pudiéramos demostrar que nuestro hijo era capaz de comunicarse. Ese era el boleto de entrada de nuestro hijo a la educación que deseábamos que tuviera. Estábamos decididos a hacer que sucediera de alguna manera. Tal era nuestro objetivo a largo plazo. Se necesitarían muchos años (hasta que Rick cumplió doce) un equipo de ingenieros de Tufts, una computadora y apoyo legislativo, para que Rick finalmente fuera admitido en una escuela pública.

Capítulo 6

Universidad Tufts

A los ocho años, Rick todavía no podía comunicarse verbalmente. Debido a la forma como sus músculos se tensionaban constantemente, la escritura y el lenguaje de señas no eran posibles. Hacía mucho tiempo habíamos aprendido a interpretar las sonrisas y movimientos de cabeza de nuestro hijo, sus "sí" y "no", pero a pesar de lo buena que su familia fuera entendiendo lo que Rick necesitaba, sólo seguíamos adivinando por la experiencia. A veces, nos equivocábamos o nos tardábamos mucho tiempo dando vueltas hasta encontrar lo correcto. La incapacidad de Rick para comunicarse le estaba impidiendo entrar a la escuela pública y temíamos que también fuera la causa que lo hiciera atrasar.

Después de muchos años preguntándonos si alguna vez podríamos demostrar las capacidades mentales de Rick, y encontrar una manera para que él hiciera parte en una conversación, de repente tuvimos una razón para tener esperanza. En una de las terapias de Rick en Lawrence, conocimos al doctor William Crochetiere, quien entonces era el director del departamento de Ingeniería de la Universidad Tufts en Medford, Massachusetts, y a un grupo de cuatro o cinco estudiantes del

67

posgrado de Ingeniería de computadores. Fay Kimball, la primera terapista ocupacional de Rick, los invitó a ver qué clase de necesidades existían en las instalaciones de entrenamiento. Ella oyó hablar del trabajo que hicieron con otras personas discapacitadas y la clase de innovaciones que lograron con comunicaciones avanzadas más que todo para adultos mayores. Ella esperaba crear una cooperación entre los programas. También quería que ellos nos conocieran en caso que pudieran ayudar a Rick. Sin embargo, después de enfrentar mucho rechazo, procuramos permanecer cautelosamente esperanzados.

Cuando el doctor y sus estudiantes conocieron a Rick, fueron amables pero estaban escépticos. Parecía que íbamos a tener la misma respuesta que habíamos recibido por parte de la comunidad médica: este niño es una causa perdida. Luego, uno de los estudiantes del posgrado hizo la pregunta que, creo, todos querían hacer: "¿Cómo sabe que su hijo es inteligente?" Desesperada y no queriendo que ellos no nos descartaran, Judy les dijo lo primero que le vino a la mente. "Cuéntele un chiste", dijo. Nunca olvidaré el momento en el que el doctor Crochetiere se arrodilló al lado de la silla de ruedas de nuestro hijo e hizo exactamente eso. Aunque no logro recordar el chiste, lo que el doctor dijo fue chistoso para Rick. Cuando el doctor Crochetiere dijo la frase final, Rick de inmediato lanzó su cabeza hacia atrás riendo, como sabíamos que haría.

Siendo un niño severamente discapacitado e incomunicado, el sentido del humor de Rick había sido un salvavidas en muchos momentos de tensión. Tuvimos cualquier cantidad de momentos en los que pensamos que nuestra situación era demasiado difícil y los retos insuperables; luego alguno de nosotros hacía algo chistoso y Rick estallaba en risas. Eso rompía la tensión justo en el momento que lo necesitábamos y nos permitía ver que las dificultades que enfrentábamos no eran bloqueos de caminos, sino simples reductores de velocidad en esta senda que llamamos vida. Rick seguía carcajeandose cuando Judy y yo miramos alrededor de la habitación y nos dimos cuenta que éramos los únicos riendo. Los ingenieros simplemente quedaron asombrados. Después de eso, todos estaban a bordo. Se convencieron que, con las herramientas adecuadas, Rick tendría la capacidad de comunicarse. Ansiosos regresaron a su laboratorio universitario para comenzar a diseñar un dispositivo computarizado de comunicación. Ojalá lograr que Rick ingresara a la escuela pública hubiera sido tan fácil como lo fue convencer al grupo de ingenieros para que nos construyera un computador. Desconocidos, en su mayoría estudiantes jóvenes, habían accedido a invertir su valioso tiempo y recursos desarrollando un dispositivo que tuviera el poder de cambiar el futuro de mi familia. Ese fue uno de los días más felices que nuestra familia tuvo en el centro de entrenamiento de parálisis cerebral.

Desde luego, hubo que crear el dispositivo y eso tomó tiempo. Encabezando el proyecto estaba Rick Foulds, un ansioso y muy trabajador joven estudiante de posgrado quien se sumergió completamente en el proyecto. El trabajo que estaba haciendo a menudo iba mucho más allá de mi entendimiento. Estaba convencido que era posible crear un dispositivo de comunicación para ayudar no sólo a mi hijo, sino a otros que no podían vocalizar o expresar sus pensamientos. Su seguridad en sí mismo resulto confiable.

Después de seis semanas, después de cientos de horas bosquejando e investigando y construyendo, Foulds y los otros estudiantes, quienes además de trabajar en el computador estaban haciendo sus otros trabajos universitarios y tenían responsabilidades de enseñanza, tuvieron la primera versión de su comunicador. Es importante tener en cuenta que esto fue en 1970, cuando pocas personas tenían computadoras o sabían algo sobre ellas. Lo que obtuvo el equipo fue una voluminosa máquina, aunque portable, que consistía en un monitor con hileras de letras, números y símbolos. En un proceso que ellos llamaban escaneo, la máquina funcionaba con luces intermitentes en una secuencia junto con el panel, pausando brevemente en cada letra, número o símbolo. Con sólo cliquear un interruptor, quien operara la máquina podía seleccionar la letra, el número o el símbolo que deseaba mostrar en la pantalla. En el caso de Rick, él podría activar el interruptor y crear frases presionando su cabeza contra una barra de metal adherida al lado de su silla de ruedas y conectada al sistema computarizado. Foulds y sus compañeros estudiantes llamaron al aparato el Comunicador Interactivo Tufts (CIT, para abreviar). En nuestra casa, de inmediato lo empezamos a llamar la máquina de la esperanza porque eso fue lo que nos dio: esperanza.

En las primeras pruebas vimos poco éxito. Sin embargo, debido a la naturaleza de la máquina y cómo funcionaba, estábamos limitados por lo que pudiéramos hacer con ella. Rick aprendió a usar el interruptor de la cabeza para localizar letras, pero el equipo era muy incómodo y muy lento para él poder comunicarse con frases completas. A pesar de los contratiempos iniciales, estábamos emocionados por las posibilidades. El equipo, seguro de que estaba logrando algo, decidió volver a la mesa de dibujo para rediseñar la máquina y crear una versión más pequeña, una que fuera más confiable y con un activador de interruptor mejorado. El único tropiezo era que la nueva versión iba a costar mucho dinero, $5.000 dólares, si queríamos que quedara bien hecho. A comienzos de los años 1970, $5000 dólares era demasiado, y ya teníamos un presupuesto muy apretado. Fuimos afortunados de que la primera versión del comunicador hubiera sido gratis para nosotros, pues los ingeniosos estudiantes de posgrado usaron materiales de sobra y no nos cobraron su trabajo. Con lo agradecidos que estábamos por lo que ya habían hecho por nuestra familia, no estábamos dispuestos a no llegar a la meta sólo porque no podíamos pagar un mejor modelo.

El rumor se esparció muy rápido sobre lo que estábamos haciendo, o intentando hacer para mejorar la calidad de vida de Rick. Todos estaban emocionados por nosotros y la posibilidad que nuestro hijo algún día pudiera comunicarse. Como la gente parecía interesada, quisimos mostrarles la máquina y lo que significaba para nosotros poder tener los fondos para el desarrollo de una versión mejorada. Con la ayuda de algunos de los estudiantes de posgrado, hicimos demostraciones del CIT en iglesias y otros grupos locales, quienes nos ayudaron a recolectar donaciones individuales. Nuestra iglesia patrocinó una feria de artesanías. Los niños de la zona hicieron un pequeño carnaval bazar y reunieron $40 o $50 dólares. Amigos y vecinos dieron un paso adelante para ayudar, y las madres se reunían los fines de semana y hacían ventas de pasteles los cuales se hicieron tan populares que reunimos $300 o $400 dólares con sólo ponqués y biscochos de chocolate. Luego nuestra familia hizo un gran baile y cena, con lo cual reunimos la mayor parte del dinero. Rentamos un salón en el que pudiéramos hacerlo, ofrecimos una cena y después tuvimos un baile. Finalmente, después de meses y meses de recolección de fondos y un gran apoyo de la comunidad, recaudamos $5.000 dólares, exactamente el monto que los ingenieros necesitaban para reiniciar su trabajo.

En poco tiempo, una segunda versión del comunicador estaba lista y era mucho más liviana que la anterior versión, y tenía un interruptor que se activaba con la rodilla en lugar de hacerlo con la cabeza. Rick trabajó con ese CIT por más de un año, y parecía mejorar en el manejo y navegación de las letras y en el control del interruptor. Pero al final no funcionó, porque Rick no podía controlar muy bien los movimientos de su rodilla, así que un interruptor de rodilla no era muy bueno para él. No era exactamente lo que los ingenieros habían visualizado para la versión final. Estaban decididos a continuar hasta que lo tuvieran exactamente bien.

A finales del invierno de 1974, Foulds nos llamó para informarnos que el equipo Tufts había terminado el trabajo con el CIT. Nuestra máquina de la esperanza había sido terminada y estaba lista para una prueba. La tercera versión del CIT era una gran mejora con respecto a la primera, y además imprimía lo que Rick escribía. También tenía un interruptor de cabeza en lugar de rodilla, ya que Rick podía controlar los movimientos de su cabeza más que los de su rodilla. Rick apenas tenía doce años cuando Foulds y los otros estudiantes llevaron el CIT a nuestra casa para su primer uso.

Invitamos a los terapistas de Rick, a nuestros amigos, vecinos y patrocinadores para ver la tercera versión. Foulds encendió el CIT y las hileras de letras se encendieron. La habitación quedó en silencio y todo lo que se podía oír era el zumbido del computador. Foulds animó a nuestro hijo a que intentara hablarnos. Con Rick en su lugar y la multitud reunida detrás de él, todos se inclinaron hacia adelante, tratando de adivinar cuáles serían sus primeras palabras. Yo sabía que serían "Hola papá". Judy estaba convencida que él iba a escribir "Hola mamá". Sus hermanos pensaron que serían el primer tema de conversación de Rick. Quizá nos habría dicho que nos amaba, o probablemente sería un sencillo "gracias".

Rick comenzó a escribir, golpeando con el costado de su cabeza. Una G y una O aparecieron en la pantalla. ¿Qué es esto?, pensé. Por un segundo me preocupó que nuestros esfuerzos hubieran sido en vano. Pensé que Rick nos entendía, pero quizá no entendía cómo traducir lo que estaba pensando en palabras y frases. Rick golpeó un poco más. Una B luego una R, luego una U apareció. La luz titilaba sobre las letras. Rick estaba concentrado y golpeaba el interruptor. A la U la siguieron una I - N - S. "¿Gobruins?", preguntó alguien. Hubo la pausa más breve. "¡Go Bruins!" (¡Vamos Bruins!), grité, prácticamente saltando.   Rick asintió y sonrió, complacido consigo mismo. Yo no podía dejar de menear la cabeza y de reír. En esa casa no había un ojo seco. Mi corazón se ensanchó, estaba muy orgulloso de mi hijo en ese momento. No sólo habíamos demostrado finalmente que Rick era capaz de comunicarse, sino que realmente le encantaban los deportes. Esa temporada, los Bruins de Boston estaban en las finales de la Copa Stanley. Desde luego todos habíamos estado viendo. Rick, en silencio, había estado animándolos también. Definitivamente era el hijo de su padre.

Con esas dos pequeñas palabras "Vamos Bruins", todos éramos victoriosos. Rick había ganado independencia y había demostrado su inteligencia y sentido del humor. Después me dijo que podía soportar no poder caminar o usar sus brazos, pero la inhabilidad que más le molestaba era no poder comunicarse. Judy y yo nos sentimos reivindicados en una búsqueda que había durado más de una década. Sabíamos que ya teníamos la prueba, la evidencia clara que le daría una entrada a Rick a las escuelas y programas que por mucho tiempo le habían sido negados.

Los cambios que venían sobre nuestra familia y comunidad eran increíbles, todo por un computador. Finalmente los niños podían hablar y, como hacen los niños, a veces discutir entre sí. Rob y Russ supieron cuán inteligente era su hermano, y tenían unas conversaciones muy entretenidas. Ahora tenían un hermano mayor quien, como muy pronto se enterarían, podía jugar ese rol de hermano mayor y decirles qué hacer.

Y esa fue una victoria para el muy esforzado equipo de ingenieros de Tufts. Habían creado una máquina única que le devolvió la vida a un chico que una vez fue tildado de vegetal. Su éxito con el CIT de Rick impresionó a las comunidades académicas, médicas y de investigación al punto que llevó a la creación de un centro de Ingeniería Biomédica en el Centro Médico Tufts en Boston. Foulds obtuvo su doctorado de Tufts y fue nombrado director del centro. El computador de Rick fue el primero de muchos proyectos similares que recibían fondos para ayudar a los discapacitados.

Las versiones de prueba del CIT eran lentas, sólo permitían un par de palabras por minuto. Incluso el producto final requería horas de práctica. Como Rick seguía aprendiendo ortografía y gramática, Russ pensó que no había razón por la cual no pudiera enseñarle a Rick lo que estaba aprendiendo en la escuela. Así que a Russ se le ocurrió una manera de descifrar qué estaba pensando Rick sin usar el computador. Creó lo que terminamos llamando el método Russell. Usando el mismo concepto de CIT, dividió el alfabeto en cinco bloques, cada uno comenzando con una vocal. Era muy parecido al juego "Twenty Questions". Para comenzar, la persona que le preguntaba a Rick algo, adivinaba primero cuál bloque del alfabeto estaba mirando para saber la letra inicial de la palabra que Rick estaba pensando y luego seguía rápidamente con el resto de letras de la palabra hasta que Rick confirmaba la correcta asintiendo con su cabeza. De esta manera, los chicos podían sobrepasar las capacidades del computador y adivinar palabras completas y frases en mucho menos tiempo, a menudo antes que Rick hubiera deletreado palabras completas. Era tan efectivo y eficiente que después, incluso sus asistentes de cuidado personal (ACP), lo usaban. A pesar de los avances tecnológicos hechos con el comunicador computarizado de Rick, todavía usamos el método Russell en un apuro. Funciona muy bien cuando Rick no tiene su computador.

Pero fue la máquina de la esperanza la que realmente nos trajo confianza en el futuro de nuestro hijo. Por primera vez, comenzamos a imaginar una vida plena para Rick, que le ofreciera oportunidades que nunca habríamos imaginado, incluyendo la posibilidad de ir a la escuela. Sabíamos que el computador de Rick demostraba nuestro argumento de que nuestro hijo era capaz de aprender y comunicarse. A medida que la tecnología y las versiones del CIT mejoraron con los años, también lo fueron nuestras actitudes, y nuestra motivación para lograr nuestras metas. Estábamos comprometidos y decididos a lograr que Rick entrara a la escuela pública.

Capítulo 7

El capítulo 766

Con Rick conversando a borbotones en el CIT, o máquina de la esperanza, y con nuestra familia adaptándose a la ocupada vida con tres niños hablando y activos, se creería que nunca tendríamos tiempo para causas y aspiraciones políticas. Sin embargo, con las oportunidades que la máquina de la esperanza había traído a nuestras vidas, Judy estaba más decidida que nunca a lograr que nuestro hijo ingresara a la escuela pública. Ella no se iba a sentar tranquila a dejar pasar cualquier oportunidad para mejorar su futuro. No sólo siguió adelantando su campaña con las escuelas locales, también fue a nivel estatal y comenzó a frecuentar las sesiones legislativas y a tener discusiones acaloradas con políticos de Massachusetts acerca de la injusticia que los niños discapacitados de nuestro estado se veían forzados a soportar. Se unió a grupos de defensa y asistía a frecuentes reuniones de política. Estaba justo en el centro de todo y eso dio resultado. Debido a los esfuerzos de Judy, así como el trabajo de familias con hijos discapacitados en todo el estado de Massachusetts, el gobernador Francis Sargent un par de años antes había firmado el acta Bardey-Daly, más conocida como el capítulo 766, el 12 de julio de 1972. Fue la primera ley de reforma integral a la educación especial en el país.

El capítulo 766 fue trazado con la intención de asegurar que cada niño entre las edades de tres y veintiún años, que tuviera necesidades especiales, recibiera una educación gratuita en las escuelas públicas, sin temor a estar aislados de la población ordinaria de estudiantes. A fin de identificar cualquier preocupación respecto a las habilidades de aprendizaje, la ley exige que las escuelas examinen a todos los niños (comenzando a la edad de tres años) para identificar discapacidades. La expectativa era que tanto padres como escuelas estuvieran informados acerca de cualquier retraso en el desarrollo y la mejor manera de tratarlo. Así los padres podían recibir lo que se llama un Plan de Educación Personalizada (PEP), para sus hijos, y la educación del niño podía partir de ese punto. Judy y yo estábamos muy emocionados de ver la ley aprobada, pero entendimos que podía no ser una solución inmediata. Si sabía algo de política, era que la aprobación de una ley no siempre se traducía en el acato de la misma. Esas cosas toman tiempo, sin importar lo ansiosos que estuviéramos para que sucediera. El hecho de que la ley se hubiera pasado en 1972, no significaba que inmediatamente todos los niños discapacitados fueran admitidos en todas las escuelas de Massachusetts. Los padres de niños discapacitados aún tenían que apelar a sus respectivos distritos escolares, y cada niño era aceptado en la escuela de forma individual. Así que aunque Rick estaba haciendo un excelente uso del CIT demostrándole a todos precisamente de qué era capaz, en 1974 Judy seguía luchando para que él ingresara a la escuela.

A pesar de nuestros nervios, esperando qué sería lo siguiente, todo parecía estar progresando tranquilamente. Nuestras agitadas vidas estaban llenas de promesas. Mi trabajo parecía ir bien, a Rick le estaba yendo muy bien, y los niños estaban creciendo rápidamente. Luego el ejército intervino. Había terminado mi entrenamiento en El Paso y estaba en el proceso de pasar de la Guardia Nacional del Ejército a la Guardia Nacional Aérea, cuando fui asignado a la base Otis de la Fuerza Aérea en Cape Cod. En ésa época estaban llegando armas nucleares a Otis y la Fuerza Aérea estaba incrementando la seguridad. Debido a que mi experiencia era en armamento nuclear, supongo que parecía un candidato ideal. Necesitaban una gran fuerza policial de seguridad, y fui nombrado jefe de policía de seguridad. El nuevo trabajo significaba que teníamos que volver a mudarnos, esta vez a Falmouth. Me encantaba el área de Cape Cod y siempre quise vivir allá, así que estaba emocionado por la mudanza. Era exactamente donde quería estar en esa época de mi vida. Con la garantía de que este trabajo duraría diez años, tomé todos los ahorros de nuestra vida y compré la casa de nuestros sueños, una casa hermosa, grande, de cinco habitaciones y tres baños justo al lado de un lago, e hicimos planes para un largo futuro en Falmouth.

Una nueva casa significaba una nueva escuela para Rick, siempre una lucha. Mientras yo estaba ocupado con mi nuevo trabajo, Judy se quedaba lidiando con los asuntos escolares. Una vez más Rick fue puesto en un grupo con toda clase de personas con diferentes discapacidades. A pesar de la nueva legislación, parecía que nada había cambiado en el distrito escolar. Afortunadamente la maestra de Rick, la señora Laurel Brown, de inmediato reconoció la inteligencia de Rick y habló con un maestro de matemáticas de tercer grado y uno de ciencias de quinto grado para que lo tuvieran en sus clases. Ellos aceptaron. Eso era un comienzo, por lo menos. Judy y la señora Brown también estaban luchado con la terapista de la escuela. Ambas seguían diciendo que creían que Rick podía estar en una clase regular. Judy habló del reciente cambio en la ley que ella había ayudado a impulsar. Ella había demostrado lo que Rick podía hacer con su CIT. Finalmente se comprometieron y le dieron a Rick un período de evaluación inicial.

Mientras nos adaptábamos a Falmouth y nos acomodábamos a nuestra rutina, Judy comenzó a pensar que un título universitario en Educación podría ayudarle en su lucha por mejorar la situación para niños discapacitados en el sistema de Educación. Pero antes que ella pudiera hacer algo, nuestros planes a largo plazo para Falmouth rápidamente llegaron a un abrupto final.

En el año 1975, menos de un año después de haber desarraigado nuestras vidas y habernos mudado a Falmouth, el ejército concluyó que ya no necesitaba almacenar armamento nuclear. Así que mi posición en la Base de la Fuerza Aérea Otis terminó. Me ofrecieron una o dos posiciones, un trabajo en Boston o uno en el oeste de Massachusetts. Elegí el trabajo en Westfield, a dos horas y media en carro, tierra adentro. Odiamos mudarnos porque nos encantaba nuestra ubicación frente a Martha's Vineyard y la hermosa casa por la que habíamos trabajado tanto. Judy sentía que había progresado con las escuelas públicas allá. Pero la Guardia Nacional Aérea no me dio más opciones. Si quería un trabajo, teníamos que vender la casa y mudarnos a Westfield.

La mudanza resultó ser una verdadera bendición, un nuevo comienzo en un nuevo pueblo. Tan pronto nos establecimos, Judy ingresó a la Universidad de Massachusetts en Amherst a fin de obtener un grado en Educación. Tomaba la mayor cantidad de clases que su agitado horario con los niños le permitía. Había casi treinta millas de Westfield a Amherst.

Ese verano, buscamos opciones de escuelas públicas, consultando con médicos, políticos y abogados. Le contábamos nuestra historia y nuestros planes para el futuro a todo el que quisiera escuchar. Yo seguí trabajando con tantos trabajos como pudiera tratando de proveer para nosotros mientras que al mismo tiempo trataba de balancear el tiempo de trabajo y el tiempo en casa con la familia. Fue una época muy ocupada en nuestras vidas, pero éramos muy felices. Había sido un largo camino para llegar hasta donde estábamos, y sólo nos faltaba un paso para lograr nuestra mayor meta. Massachusetts había comenzado a implementar el Capítulo 766 durante el año escolar de 1974-1975, así que sabíamos que había buenas oportunidades para que Rick finalmente pudiera asistir a una escuela pública. Seguíamos esperanzados.

Antes de comenzar el año escolar 1975-1976, Judy y yo empacamos a Rick y su CIT y fuimos a la Escuela Básica de Westfield donde Rob y Russ ya estaban estudiando. Nos habían llamado anteriormente y nos estaban esperando. (Para entonces el nombre Hoyt era notorio en todo Massachusetts; Judy había hablado con tantos educadores y legisladores que era difícil recordarlos a todos).

Cuando llegamos a la escuela, el director y varios maestros nos llevaron adentro para una conferencia. Después de hablar en grupo por unos minutos, el personal escolar llevó a Rick a un salón de clases y nos dejaron a Judy y a mí esperando afuera. Adentro podíamos escuchar que le hacían preguntas a Rick. Luego podíamos escucharlo responder con su computador. No pasó mucho tiempo, de hecho no tanto como yo había esperado, para que decidieran que Rick estaba listo para la escuela pública. Él había contestado sus preguntas correctamente, así que no tenían más elección que admitir que Rick tenía la habilidad de aprender y comunicarse y que tenía el derecho a estar en el salón de clases con otros niños mental y físicamente saludables.

Unos días antes que iniciaran las clases, Judy llevó a Rick y a sus hermanos a la oficina de la superintendente de la escuela. Ella tenía el período inicial de evaluación de Rick, el cual requería que fuera completamente integrado a las clases regulares, así como la aprobación de la administración de la Escuela Elemental de Westfield. Ella también tenía la ley de su parte. El Capítulo 766 claramente permitía, no sólo que Rick sino infinidad de otros más en su misma condición, asistieran a la escuela pública. Judy exigió que nuestro hijo mayor fuera aceptado. Todo lo que necesitaba la superintendente eran unos días para hacer todo el papeleo. Y de esa manera Rick fue admitido en quinto grado.

Finalmente, en 1975, nuestro hijo discapacitado, de quien los doctores habían dicho que nunca sería más que un vegetal, fue admitido en una escuela pública. Nuestra larga lucha para integrar a Rick al sistema de escuelas públicas finalmente había terminado. La máquina de la esperanza había hecho maravillas para demostrar su inteligencia. La administración de la Escuela Elemental de Westfield se vio forzada a permitirle entrar a los corredores de la escuela como cualquier otro niño.

Habíamos alcanzado nuestra meta, pero Judy no había terminado todavía. Ella tenía un gusto por la política y había visto cómo la persistencia y la determinación realmente podían surtir efecto. Primero reclutó a otros padres y voluntarios para ayudar a otros niños discapacitados quienes, como Rick, ahora podrían asistir a clases normales. Esto quitó una carga para los padres y las escuelas, sabiendo que los niños discapacitados no sólo estaban aprendiendo sino haciéndolo en un entorno seguro y cómodo.

El siguiente año, Judy fue voluntaria y llegó a estar muy activa en la Asociación para Servicios Humanos (ASHS, por sus siglas en inglés) en Westfield, una organización que de hecho ella inició y organizó (aunque se había disuelto). En ASHS ella estuvo a cargo de programas recreacionales para discapacitados. Comenzó el campamento para niños, un programa de verano para jóvenes discapacitados y capacitados hasta la edad de veintiún años. El campamento tenía toda clase de actividades, desde acampar y pescar, hasta nadar y otros deportes, todos fundamentados en la idea de Judy de que discapacitados y capacitados podían integrarse en lugar de estar separados. Judy quería que fuera un lugar donde las familias pudieran disfrutar y nadie se sintiera apartado por su discapacidad. A nuestros tres hijos les encantaba participar en el programa cada verano y formaron amistades duraderas con los otros chicos que fueron.

Entre tanto, Judy empezó a hacer parte con la organización Easter Seals, y logró que la Escuela Secundaria de Westfield abriera su piscina a niños discapacitados. Vimos lo maravillosa que era la natación para Rick, así que era muy bueno que la escuela ofreciera esa clase de terapia a otros estudiantes con discapacidades. Nuestros hijos estaban teniendo éxito en actividades dentro y fuera de la escuela, y los programas que ella desarrolló fueron un éxito. Judy terminó rápidamente sus estudios universitarios y decidió ingresar al programa de posgrado en la Universidad de Massachusetts, para obtener un título en Educación Especial.

En sólo unos cortos años, habían ocurrido cambios asombrosos en nuestra familia. Me alegraba ver a mis tres hijos en la escuela pública, disfrutando de las ventajas de la educación. Sabía lo duro que había trabajado Judy para que Rick llegara a ese punto. Había sido su pasión y me alegraba que ella hubiera tenido una manera de conectarse con él. De muchas maneras, yo deseaba esa clase de conexión con mi hijo y pasaba todo el tiempo que podía con Rick, el tiempo que más podía con mis chicos, según me lo permitía mi trabajo. A veces el trabajo me daba la oportunidad de ayudar de maneras inesperadas. Con el campamento para niños, por ejemplo, pude facilitar equipo de campamento y tiendas, gracias a los suministros que estaban a mi disposición en la Guardia Nacional. Entrenaba a los chicos de la liga de niños de béisbol en el verano. Pero no siempre podía estar ahí para todo. Aunque nuestras luchas disminuyeron con los años, nuestros gastos no se habían ido.

Era mi deber asegurarme de que podíamos seguir viviendo cómodamente. A menudo, eso significaba que mi tiempo individual, especialmente con Rick, fuera limitado.

Seguía pensando que debía haber una mejor manera, alguna actividad que pudiéramos hacer juntos, padre e hijo, que le hiciera saber a Rick cuánto me importaba y lo orgulloso que estaba por todo lo que había logrado. Sin embargo, para ese momento, había que estudiar, y eso era muy especial.

Capítulo 8

La competencia de caridad Jimmy Banacos

Nadie en nuestra familia se sorprendió cuando Rick sobresalió en la escuela pública. Habíamos luchado tanto para lograr que ingresara, que sabíamos que si sólo tenía la oportunidad de estar con otros niños física y mentalmente sanos, sería un niño completamente diferente sintiéndose incluido y podíamos imaginar un futuro en el que todo era posible.

A Rick le encantaba la escuela. La asumió como pez en el agua. Sabíamos que no iba a tener problemas en el aspecto académico. Desde luego, tuvo sus momentos, como sus hermanos o cualquier otro niño, cuando no tenía ganas de hacer su tarea o preferiría jugar afuera o molestar por ahí, en lugar de estar adentro concentrado en sus estudios. Estudiar era una lucha para Rick, sólo porque le tomaba más tiempo hacer un trabajo escrito, o responder algo, de lo que le tomaba a un niño que podía usar sus brazos o hablar. Debía tener tutores y rara vez hacía una actividad escolar sin ayuda. Pero decía que el esfuerzo extra valía la pena. Rick casi nunca se quejaba, porque los beneficios de estar integrado a la escuela pública tenían más peso que las desventajas. Era popular, y parecía que todos los chicos lo aceptaban. Sé que eso lo hacía sentir bien. Rick llegó a ser un niño normal como cualquier otro. Para nosotros, ese simple prestigio significaba todo.

Cuando Rick comenzó el séptimo grado en la Escuela Media de Westfield, iba al ritmo de sus compañeros de clase, excepto, hay que admitirlo, en el área física. Disfrutaba jugar fútbol en equipos de jóvenes discapacitados y nadaba con sus amigos de las clases de parálisis cerebral. Era loco por los deportes como su padre y rara vez se perdía un juego de sus hermanos. Pero en la escuela, educación física era otra cosa. Cuando era hora que otros chicos fueran al gimnasio y jugaran baloncesto, corrieran en la pista, o jugaran ponchados, el ayudante de Rick lo llevaba a la biblioteca. Él usaba ese tiempo para estudiar, adelantar sus tareas, o simplemente esperar a que fuera hora para volver nuevamente al salón. Pero esa exclusión no duró mucho.

El maestro de gimnasia, Steve Sartori, vio que había un chico en su lista que no estaba llegando a la clase de educación física, y fue a investigar. No tenía idea de quién era Rick, ni que era discapacitado; sólo sabía que alguien no estaba yendo a clase. Nos llamó para decirnos que nuestro hijo había estado evadiendo la clase. Judy tuvo que contener la risa cuando el maestro de educación física comenzó a sermonearle sobre la falta de asistencia escolar. Ella rápidamente le explicó la situación y le dijo al entrenador Sartori que, dados los retos físicos de Rick, no veíamos una alternativa para que él hiciera parte de esa clase con otros niños. Éramos afortunados de que hubiera sido admitido en la escuela. Sartori poco se sorprendió cuando le dijo a Judy que una discapacidad no era una excusa para faltar a clase. Le dio dos opciones: o Rick asistía a educación física, o ella podía ir en su lugar. Judy no iba a rechazar una oferta de normalidad para Rick, y no iba a vestirse para clases de educación física. Así que al día siguiente, el ayudante de Rick lo llevó al gimnasio en lugar de llevarlo a la biblioteca. El resto, como dice el dicho, es historia.

Rick de inmediato le agradó a Sartori quien fue muy bueno con él. Puso a Rick justo en medio de todas las actividades de educación física, uniéndose con el resto de los chicos. Incluso desarrolló nuevas actividades dirigidas especialmente para nuestro hijo, cosas que él podía hacer para participar, pero que los otros chicos podían disfrutar también. A Rick le encantaba eso. Realmente respetaba a su entrenador, y desarrollaron una relación especial. Sartori sirvió como mentor y amigo. Rick llegaba a casa en la tarde y de lo único que quería hablar en su CIT era de lo que había hecho en clase de gimnasia. Nos emocionaba que Rick fuera incluido y aceptado. Verlo feliz hacía que todos nuestros esfuerzos para que él ingresara a la escuela, valieran la pena.

Una tarde, Satori, quien también entrenaba el equipo de baloncesto de la Universidad Estatal de Westfield, preguntó si estaría bien que llevara a Rick a uno de los juegos. Iría como el invitado especial del entrenador, junto con otros compañeros de clase. Incluso iban a conocer a las porristas, algo extra que el entrenador, Judy y yo sabíamos que le encantaría a Rick, quien a la edad de quince años había desarrollado un claro interés en las chicas. Con alegría permitimos que Rick fuera al juego. Para entonces, Sartori era más como un miembro de la familia. Rick apenas pudo contener su emoción cuando le dijimos que podía ir. Igual, no habría aceptado un no por respuesta. Después dijo que habría ido gateando si hubiera tenido que hacerlo. Iba a ir a ese juego.

A menudo me he preguntado qué habría pasado si, por cualquier motivo, Rick no hubiera ido a ese juego de baloncesto universitario con Sartori. Ese juego nos cambió la vida y llevó mi relación con Rick a un nivel completamente diferente.

Hasta ese día, creo que no había visto a Rick más emocionado de ir a alguna parte. Lo subimos a la camioneta del entrenador y salieron hacia la Universidad Estatal de Westfield. Querían llegar al juego una hora antes para que Rick conociera a los jugadores en los vestidores y viera el entrenamiento del equipo.

Judy y yo nos ocupamos en casa esa noche sabiendo que Rick estaba pasando un buen tiempo, pero también nerviosos respecto a su primera gran salida de casa sin nosotros. Ese día se sintió especial de muchas maneras. Sentimos que nuestro hijo estaba madurando, convirtiéndose en un hombre joven, algo más evidente por el hecho de que por mucho tiempo, muchas personas nos habían dicho que Rick nunca crecería. Mi única objeción respecto a que Rick madurara tan rápido, ante nuestros ojos, era que no siempre pude pasar tanto tiempo con él como me hubiera gustado, haciendo las cosas que hacía con sus hermanos menores. Creo que él entendía que teníamos que hacer ciertas concesiones por su discapacidad y que nuestras actividades padre-hijo a veces debían ser diferentes a las que sus hermanos podían experimentar conmigo. Pero siempre lamenté que nos hubiera tomado tanto tiempo a Rick y a mí encontrar algo especial que pudiéramos compartir. Afortunadamente para nosotros, el juego de baloncesto nos dirigió la atención a la actividad perfecta.

Cuando Sartori llegó esa noche después de juego, Rick estaba en la silla de atrás con una sonrisa de oreja a oreja. Cuando entramos a la casa, de inmediato quería que lo conectáramos a su computador. Comenzó a escribir mientras el entrenador nos daba detalles del juego. Habían tenido un rato excelente, dijo el entrenador, y pudo conocer a los jugadores y a las porristas. Rick tenía algunos autógrafos para conmemorar el evento. La salida había sido tan exitosa que el entrenador pensaba que debían hacerlo con frecuencia. Todo el tiempo que el entrenador estuvo describiendo los eventos de la tarde, Rick estuvo escribiendo con golpecitos en su apoyacabezas, poniendo sus pensamientos en la pantalla. Cuando terminó, miré lo que él estaba tan emocionado de decirme. Había escrito algo acerca de una carrera de caridad para alguien llamado Doogie. Mientras Rick seguí escribiendo, le pregunté a Sartori de qué estaba hablando mi hijo.

Jimmy Banacos, o "Doggie" como lo llamaban sus amigos, había sido un atleta en la Universidad Estatal de Westfield. A sus diecinueve años, Jimmy era un estudiante activo, una estrella de deportes dentro de la universidad, y miembro importante de los equipos de atletismo y lacrosse. Todo cambió un día de primavera en 1977, cuando en un juego de lacrosse, chocó con otro jugador, Jimmy se rompió el cuello y quedó paralizado del cuello para abajo. El antiguo atleta ahora era cuadripléjico. Rick sabía de Jimmy porque cuando Sartori entraba con Rick al gimnasio para el juego de baloncesto, encontraron a la entrada unos pósters para un evento de caridad en honor a Jimmy. "Corre por Doggie", exclamaba el póster. Sartori conocía a Jimmy y dijo que era una pena que todo ese talento se hubiera perdido. Obviamente había sido un golpe fuerte para la comunidad universitaria.

Después, durante el medio tiempo, una de las porristas anunció el evento por el sistema de altoparlantes. Al siguiente sábado la universidad patrocinaría una competencia de cinco millas para recaudar fondos para ayudar a pagar las cuentas médicas de Jimmy. Conociendo a mi hijo como lo conozco, empecé a atar los cabos. Mientras iba entendiendo que él quería ayudar de alguna manera con el evento, Rick terminó de escribir lo que quería decir. Escribió que quería correr en la carrera. Eso estaba bien para mí, le dije, mientras estuviera bien para Sartori. Rick comenzó a escribir frenéticamente de nuevo. Cuando leí lo que había escrito mi corazón saltó un poco pero al mismo tiempo tragué saliva con orgullo. Mi hijo no quería entrar a la competencia con su entrenador de gimnasia. Quería entrar conmigo.

De inmediato le prometí a Rick que lo haríamos. Entraríamos a la carrera y ayudaríamos a este chico con quien sabía, Rick podía relacionarse. Estaba tan orgulloso de que él quisiera ayudar a alguien más en una situación similar, alguien confinado a un cuerpo que no funcionaba bien y, sin duda, alguien con una familia como la nuestra enfrentando pesadas cuentas médicas. Estaba orgulloso de que Rick pudiera simpatizar. Aunque de inmediato estuve de acuerdo con la carrera, después esa noche estuve acostado sin dormir por mucho tiempo, preocupándome por si los dos podríamos terminar la carrera. Hay que recordar que, además de Rick estar confinado a una silla de ruedas, y ser un cuadripléjico espástico, yo tenía treinta y siete años. El único ejercicio que practicaba ocasionalmente era trotar por el vecindario o en un juego de hockey si tenía tiempo. Yo no era un corredor.

En los días previos a la carrera, tuve que comprar un par de tenis de atletismo porque no tenía. No estoy seguro en qué pensé hacer con la silla de ruedas de Rick. Supongo que dije que ya veríamos qué hacer. En ésa época, en 1977, la silla de Rick parecía algo como un cruce entre un carrito de compras y una silla alta. Era hecha a presión para conformarse al cuerpo de Rick, pero difícil de mover. Claramente no había sido hecha para correr o para que un atleta la empujara. Pero en definitiva debía olvidar cualquier obstáculo y hacer esto por mi hijo. Yo no estaba en forma y hacía mucho había pasado mis años de atletismo, pero Rick había nacido con el corazón de un atleta. Él quería hacer una diferencia y yo no podía negarle esa oportunidad, no supe sino hasta después de esa primera carrera que finalmente habíamos encontrado la actividad especial que Rick y yo podíamos hacer juntos. Fortalecería nuestra relación de una forma que nada ha igualado desde entonces.

Capítulo 9

El día de la primera carrera

El día de Jimmy Banacos, Octubre 22, 1977, fue durante un hermoso día de otoño en Massachusetts. La competencia de caridad estaba programada para primera hora esa mañana. Toda nuestra familia se levantó temprano ese sábado, emocionados de comenzar el día y hacer parte de las festividades. Hicimos nuestra rutina normal, pero todo lo que hacíamos parecía diferente de alguna manera, como si sintiéramos que la competencia de caridad era el comienzo de algo especial para nuestra familia, el primer día del resto de nuestras vidas. No teníamos idea de lo cierto que ese sentimiento llegaría a ser.

Desayunamos, yo comí algo liviano sin saber cómo le iría a mi estómago sacudiéndose por el pavimento durante cinco millas. Le dimos comida a Rick como era normal, sabiendo que iba a necesitar la energía, probablemente más que yo. Yo estaba evidentemente nervioso respecto a cómo enfrentaría él el ser impulsado en la silla por tanto tiempo conmigo corriendo detrás de él, en lo que podían no ser superficies suaves. ¿Tendríamos que parar? ¿Podría él soportar toda la carrera sin cansarse? ¿Podría hacerlo yo? Haciendo esos pensamientos a un lado, me concentré en vestirme y alistarme para el gran día. Me puse mi par de tenis nuevo. En ese entonces, no sabía la diferencia entre un par de tenis normal y uno viejo o de atletismo y compré un par que encontré en promoción sin importar que fueran adecuados ni el estilo. Saqué unos pantalones cortos y una camiseta sin mangas. El sol ya estaba saliendo tras los árboles otoñales, y las predicciones del clima local eran que iba a estar por encima de los sesenta grados. Sabía que me iba a acalorar corriendo, pero a esas horas de la mañana, estaba haciendo algo de frío afuera, así que vestimos a Rick con una sudadera y llevamos una cobija para ponerla en sus piernas. Llenamos botellas de agua. Los chicos más jóvenes llevaron su balón de fútbol americano para hacer algunos lanzamientos si se aburrían. Luego todos subimos a la camioneta y salimos hacia la carrera.

El parqueadero de la Universidad Estatal Westfield estaba lleno de gente. Los competidores estaban poniéndose los números en el pecho y los que los apoyaban les deseaban buena suerte y comenzaban a reunirse a lo largo de la ruta que oficiales de policía local acordonaron para la competencia y el desfile que habría después de la misma. Las porristas sacudían sus pompones y amigos de Jimmy Banacos sostenían carteles de ánimo. Hasta donde podía ver, la silla de ruedas de Rick era la única a la vista. Avanzamos en medio de la multitud buscando al entrenador Sartori, con quien planeamos encontrarnos y ya nos había ayudado con la preinscripción. Lo encontramos cerca de la mesa de registro, donde nos presentó a su esposa, quien tenía una cámara colgando al rededor de su cuello para documentar el evento. El entrenador nos dio nuestros números de participación, un doble cero, que nos hizo reír a todos. Russ y Rob le hicieron unas buenas bromas a su hermano mayor, haciendo chistes diciendo que representaba el número de probabilidades que teníamos y el espacio de los dos dientes delanteros de Rick. Para entonces el incontrolable hábito de Rick de rechinar sus dientes había reducido a pedacitos sus implantes de plata. Era notorio. Las bromas eran para divertirnos. Estábamos orgullosos de usar el doble cero, el primer número de todas las competencias. En lugar de pegar el número a mi camiseta, lo puse hacia el frente en el marco superior de la silla de ruedas de Rick, para que todos supieran que éramos un equipo.

A medida que avanzábamos en medio de la multitud hacia la línea de partida, podía sentir que la gente nos observaba y se preguntaba qué planeábamos hacer. Los organizadores del evento no nos pusieron ningún problema para participar, más que todo porque Sartori ya le había explicado al director de la carrera que aunque Rick estaba atado a la silla de ruedas, no había ningún daño en dejarlo hacer parte, Sartori aclaró lo importante que era la competencia para Rick y cuánto deseaba participar. Éramos participantes que pagaron igual que todos los demás competidores. No tuvimos problemas inscribiéndonos. Pero podía darme cuenta, por las miradas en el rostro de la gente, que no contaban con que nosotros llegáramos muy lejos en la ruta. A medida que se acercaba el inicio de la carrera, me petrifiqué frente a la posibilidad de que pudiera ser demasiado, un reto para el que no estábamos listos. "¿Planeas correr las cinco millas?", preguntó la señora Sartori antes que nos despidiéramos y nosotros tomáramos nuestro puesto en la línea de partida. "¡Puedes apostar!", le dije. Judy se rió y dijo que podía que llegara a la primera esquina antes de regresar. "Correremos toda la carrera. Rick no querrá detenerse en la esquina", dije. "Tampoco yo". Ahora puedo decir que estaba aparentando ser valiente. En realidad no tenía ni idea de qué tan lejos llegaríamos pero estaba decidido a no renunciar.

Al pararme en la línea de partida de mi primera carrera, ubicado detrás de la silla de ruedas de mi hijo con los rayos de sol de la mañana comenzando a calentar las agarraderas de su silla, me sentí bien. Me llevó a mis días de secundaria y los sentimientos que tenía justo antes del comienzo de un juego de fútbol americano. Nos apiñábamos con mis compañeros de equipo en el vestidor y podíamos escuchar el ruido afuera y las porristas en el campo animando a la multitud que nos esperaba para salir. Pero habían pasado más de veinte años y sin duda tenía igual número de libras más. No era nada parecido al atleta que una vez había pensado que era.

Miré a mi alrededor a los treinta o más competidores que estaban a nuestro lado en la línea de partida. Todos eran delgados y con músculos sin grasa, como si estuvieran ahí para ganar. De repente sentí que los años de inactividad me pesaban. También me sentí preocupado por mi hijo, ¿Realmente sabía en qué se estaba metiendo? Había sido insistente toda la semana previa a la competencia, pero yo tenía que saber que en ese momento eso era lo que él quería. Me arrodillé frente a su silla de ruedas y le pregunté a Rick si estaba seguro de querer correr la carrera. Le dije que podíamos ir tan lejos como quisiéramos. O no correr nada. No era tarde para retroceder. Nadie esperaba nada. Rick sacudió su cabeza diciendo que no e indicó que quería proceder. No podía dejar de sonreír al ver a sus compañeros de clase y maestros parados en la línea de apoyo. Entonces supe que no lo iba a dejar. Esto era algo que él necesitaba hacer y yo tenía que hacerlo por él. Me enderecé, estiré mis piernas detrás de mí y me alisté para la carrera. Un anunciante contó de forma regresiva en un megáfono, y arrancamos. O, para ser más precisos, los otros treinta corredores arrancaron delante de nosotros. Pero también nos estábamos moviendo.

Yo sabía que correr detrás de una silla de ruedas normal no iba a ser fácil. Sólo empujarla y caminar detrás de ella era algo difícil. Pero no tenía idea que sería tan difícil, o doloroso como lo fue. Rick lo estaba disfrutando, y pensé que aunque no podía ver la expresión de su cara, sus manos se estiraban y sus puños empujaban como diciendo "más rápido, papá, más rápido". Fui lo más lejos que pude, pero rápidamente entendí que la idea de mantener un ritmo tenía algo de peso. Traté de

Arriba a la izquierda: Rick de niño, 1964. Arriba a la derecha: Rick en su primera silla de ruedas, 1965.
(Dick Hoyt)

Dick y Rick disfrutando del mar en Cape Cod, 1964.
(Arline Garlington)

Rick con sus hermanos Russ (izquierda) y Rob (centro), 1971.
(Dick Hoyt)

Rick con su CIT
(Comunicador
Interactivo
Tufts) en la
escuela, con su
compañera de
clases Wendy
LaPlante Bic-
knell y su her-
mano Russell.
(Dick Hoyt)

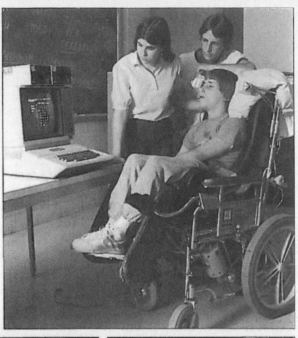

El equipo Hoyt terminando su primera Maratón de Boston, Abril de 1981.
(R.S.H.)

La primera carrera del equipo Hoyt,
Westfield, Massachusetts, 1977.
(Pamela Sartori)

Maratón del Cuerpo de Marina,
Washington D.C., 1987.
(R.S.H.)

Día de la graduación de Rick en la Universidad de Boston, 1993.
(Dick Hoyt)

Foto familiar en Disney
World, Octubre de 2002
Atrás desde la izquierda:
Troy, Cameron, Dick,
Rob, Jayme, Russell.
Frente, desde la izquier-
da: Rick, Ryan (en el
coche), Lisa.
(Barbara Enos)

Aloha! La familia en Hawái
para la competencia de
Hombres de Hierro 2003.
Atrás desde la izquierda:
Russell, Dick, Rob. Rick al
frente. *(Lisa Hoyt)*

Rick, Dick y su novia Kathy Boyer
en el desfile de Hombres de Hierro
en Kona, Hawái, octubre 2005.
(Joe Widner)

Dick y Rick con los nietos de Dick,
Troy y Ryan en la cena de Easter Seals,
Abril 2006. *(Russell Hoyt)*

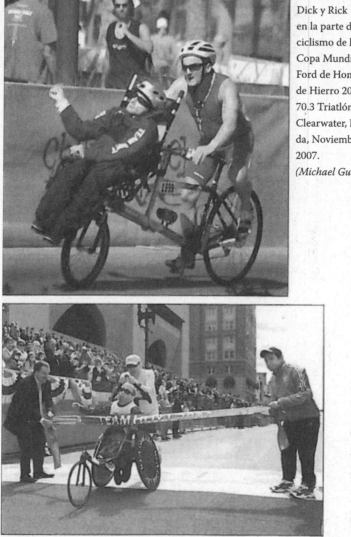

Dick y Rick en la parte de ciclismo de la Copa Mundial Ford de Hombres de Hierro 2007. 70.3 Triatlón en Clearwater, Florida, Noviembre de 2007.
(Michael Guarino)

Guy Morse, de la Asociación Atlética de Boston y el director de la carrera, Dave McGillivray sostienen la cinta mientras Dick cruza la meta en la veinteava maratón del equipo Hoyt en Boston, Abril 2006.
(Photorun.net)

Las primeras palabras
que Rick escribió en
su CIT fueron "¡Vamos
Bruins! En 2008, la
mascota de los Bruins
de Boston se unió a Rick
para una foto.
(Russell Hoyt)

Dick y Rick compiten en su
veintisieteava maratón de
Boston mientras un atleta
amigo los anima, abril de
2009. *(Jennifer Kohn)*

Cena de caridad maratón de Boston del equipo Hoyt con el entrenador Uta Pipping
en el centro de la hilera del medio, abril de 2009. *(Bradley Ayres Photography)*

El equipo Hoyt antes de comenzar el triatlón de Marlborough, Massachusetts, julio 2009.
(Lynda Rtitb)

Dick y sus nueve hermanos en su cena anual de hermanos, North Reading, Massachusetts, julio de 2009. Hilera de atrás, desde la izquierda: Arline, Al, Barbara, Philip, Kathy, Jason. Hilera del frente desde la izquierda: Alice, Dick, Herbie, Ruth.
(Patricia Hoyt)

Papá ha estado con él en 65 maratones. Devoción. Pásala.
THE FOUNDATION FOR A BETTER LIFE
Afiche del equipo Hoyt representando a
The Foundation For a Better Life. *(Russ Dixon)*

no preocuparme respecto a los corredores frente a nosotros. Casi todos habían desaparecido de mi línea de visión. Sólo seguí corriendo. Mis manos rápidamente comenzaron a sudar en las agarraderas de goma de la silla de Rick, y tuve que concentrarme en mantener mis pies en movimiento y evitar que mis manos se resbalaran y perdiera mi agarre de la silla. El otro problema que no había previsto era que la ruta de la competencia estaba trazada a lo largo de un camino pavimentado con una elevación en la línea media, lo cual nos hacía irnos a un lado y, de vez en cuando, levantar por completo un lado de la silla de Rick. No había orilla y me preocupaba qué habría más allá de las zanjas cubiertas de hierba. Para mí fue un gran esfuerzo correr y al mismo tiempo evitar que la silla de Rick se fuera a un lado del camino.

Supongo que éramos un espectáculo, un hombre de mediana edad y su hijo discapacitado, bamboleándose por el camino en una competencia a pie. Teníamos quienes nos apoyaran; podía escuchar a nuestra familia y amigos llamándonos y animándonos desde los lados de la vía. También habían los que observaban de forma ignorante. Gente que se quedaba mirándonos o nos señalaba. Escuché muchas veces "¡Mira eso!". De muchas formas, las miradas y comentarios me ayudaban a seguir. Ahora tenía que demostrar algo. Pero a mitad de la carrera, todo me dolía. El frío aire de la mañana golpeó mis pulmones y luego sentí un intenso calor que me hacía jadear por la falta de aire. Tuve que hacer un esfuerzo consciente para respirar por la nariz. Mis tenis nuevos ya habían generado ampollas en mis talones, y sentía las rodillas como gelatina, como si de repente pudieran hacer que colapsara en un charco de algo pegajoso. Por tal motivo, casi me alegraba tener la silla de ruedas en la cual recargarme y que me ayudara a seguir. A mitad de camino, hacía mucho había perdido la pista de los otros competidores. Sabía que muchos estaban muy adelante. Algunos probablemente ya habían terminado. Pero seguí durante toda la carrera.

Cuando se hizo visible la meta, me pregunté si estábamos soñando. Judy, los hermanos de Rick y todos sus amigos estaban ahí, saltando y gritando y animándonos a lo largo de esos últimos pies de distancia. La esposa de Sartori tenía lista su cámara y tomó una foto de nosotros cruzando la línea de meta. Parecía irreal que hubiéramos podido completar la carrera. Pero lo habíamos hecho. "Lo logramos Rick" jadeé. Judy, los chicos y los Sartori llegaron corriendo para encontrarnos y unirse a mis sentimientos. "¡Terminaste!" todos decían casi sin poder creerlo. Inclinado sobre mis rodillas y tratando de recuperar el aliento, Rick me miró con esa sonrisa suya, una llena de amor y agradecimiento. Sabía que las secuelas de la carrera iban a doler terriblemente, pero la reacción de Rick hacía que valieran la pena. Me encantaba ver tan feliz a mi hijo. "¡Oigan chicos, miren. No terminaste de último!" Rob exclamó de repente. "¡Venciste a ese chico!". Miré para ver, y era cierto, un competidor cruzó la línea de meta después de nosotros. Si no lo hubiera visto con mis propios ojos, nunca lo habría creído. No sólo habíamos terminado la carrera, sino que no habíamos llegado de últimos.

Tan pronto llegamos a casa, Rick quería su CIT. Yo quería una siesta. Mientras Judy organizaba nuestro almuerzo de celebración y los chicos se esparcían en sus habitaciones para jugar, yo me tiré al piso, casi me duermo por completo, ya me dolían músculos que no sabía que tenía. Recuerdo haber estado mirando al techo, sintiéndome orgulloso de lo que había logrado ese día, pero dándome cuenta de lo viejo y fuera de forma que estaba. Rick se ocupó en su CIT, ansioso de decirme cómo se sentía por nuestro desempeño.

Cuando terminó el cliquear de su interruptor supe que estaba listo para que yo leyera lo que había escrito, me forcé a levantarme y prácticamente gateé hacia mi hijo para mirar sobre su hombro. Lo que leí me hizo llorar. Rick había escrito, "Papá, cuando estoy corriendo, ya no me siento discapacitado". Mis músculos me dolían terriblemente, y la ironía era que mientras Rick confesaba que competir lo había hecho sentir libre de su discapacidad, yo de repente me estaba sintiendo discapacitado. Oriné sangre por tres días después de esa carrera y fue muy difícil caminar por unas semanas. No fue bonito. Sentí como si mi cuerpo me hubiera fallado, pero leer las sentidas palabras de mi hijo de quince años hacía que todo valiera la pena. A pesar del dolor en mis articulaciones, abracé a Rick lo más fuerte que pude, le dije que lo amaba y le aseguré que esa no sería la última carrera en la que estaríamos juntos. Éramos un equipo. Esto era sólo el comienzo.

Durante las semanas posteriores a la carrera, me fijé como meta convertirme en atleta. Lo primero que debía hacer era tener un buen par de tenis de atletismo y comenzar un horario de ejercicios. Sabía que tenía que comenzar a entrenar si esperaba sobrevivir a más de una carrera. Entre el trabajo y las actividades escolares de los niños, saqué tiempo todos los días para correr. Como nuestros horarios no siempre encajaban y a veces Rick tenía que hacer tareas u otras cosas cuando yo estaba disponible para correr, tuve que ser creativo. Compré una bolsa de cien libras de cemento y corría con ella en la antigua silla de ruedas de Rick.

No era sólo yo el que tenía que acondicionarse. Al haber visto lo que pasa cuando corres detrás de una silla de ruedas estándar por cinco millas y sabiendo que una bolsa de cemento no era el mejor reemplazo de una persona, supe que debíamos hallar una manera de reconfigurar la silla de Rick para que estuviera más adaptada al camino. Entre más pronto encontráramos una mejor silla, más pronto podríamos comenzar a entrar a más competencias. La búsqueda había comenzado. Experimentamos con muchas ideas e incluso llamamos a nuestros viejos amigos de Tufts para pedirles consejo. Pasamos por tres o cuatro estilos diferentes de sillas, pero nada parecía ser lo preciso. Una se bamboleaba y parecía muy débil, otra tenía llantas muy frágiles.

Tengo que reír cuando recuerdo algunas de nuestras bromas cuando se trataba de las sillas de Rick. Hace años salimos de vacaciones y una de las ruedas de la antigua silla que parecía un carrito de compras, se cayó, la silla que usamos en la primera carrera. Tratamos de comprar la rueda de un carrito en un supermercado local pero no nos la vendieron. Así que esperamos a que oscureciera, volvimos al parqueadero y metimos todo el carro en nuestra camioneta. Pero las ruedas de carritos de compras no iban a funcionar para competencias, así que seguimos buscando una mejor solución.

En una de nuestras vacaciones en New Hampshire en 1979, cuando Rick tenía diecisiete años, conocí a un hombre que entendió el problema que estábamos enfrentando con la silla de Rick y dijo que creía poder ayudar. Moldeó una silla que se ajustara al cuerpo de Rick, una gran mejora que aliviaba nuestra preocupación constante de que él pudiera resbalarse y caer de su silla en cualquier momento.

Judy con frecuencia visitaba el Centro de Rehabilitación de Crotched Mountain, en Greenfield, New Hampshire, para aprender más acerca de terapias para Rick. Allá, un ingeniero se ofreció como voluntario para construir un mejor marco de silla que fuera apto para correr, algo más aerodinámico que aquello parecido a un carro de compras que habíamos estado utilizando. Entre tanto, yo busqué llantas de bicicleta que se ajustaran al nuevo marco. Con la ayuda de algunos voluntarios especiales y algo de ingenio, por $35 dólares el ingeniero finalmente nos creó una silla de carreras basado en mis ideas de qué podía funcionar. Se parecía a los paseadores de bebés para trotar de hoy, tenía dos ruedas grandes de bicicleta en los lados y una tercera rueda más pequeña en el frente. También tenía una silla especialmente moldeada, acolchada con espuma para que se ajustara al cuerpo de Rick y lo mantuviera en su lugar. Ahora, desde luego, ves esos artículos por todas partes, de todas las formas y estilos. Si sólo hubiéramos patentado ese diseño, ¡hoy seríamos ricos!

Tomó tres años después de la carrera Jimmy Banacos para entrenar y encontrar la silla perfecta para Rick. En ese punto finalmente nos sentimos cómodos compitiendo y supimos que estábamos listos para nuestra primera carrera seria. Todo ese tiempo, sólo pensaba en la carrera de caridad y cómo había llevado a mi familia a una actividad que mi hijo mayor y yo podíamos compartir, algo para fortalecer nuestra relación.

En la foto que la señora Sartori tomó, se puede ver a Rick en su mayor alegría. Su cabello está soplado hacia atrás, sus ojos están cerrados y tiene la sonrisa más grande, y le faltan sus dos dientes centrales. Está sonriendo en el viento. Yo estoy empujando su silla y la rueda derecha del frente está levemente levantada del piso, así que Rick parece como si pudiera levantar el vuelo. Nuestro número, el doble cero, se levanta sobre las agarraderas entre mi cara y la de Rick. Cada vez que veo esa foto, sonrío. Pienso en lo agradecido que estoy por tener a Rick en mi vida. Pienso en la relación que hemos compartido por competir en esa primera carrera que corrimos como equipo. Desde entonces no hemos dejado de correr, y nunca hemos terminado de últimos.

Hace unos años un hombre se me acercó después de una competencia y se presentó como un amigo de secundaria de Jimmy Benacos, le pregunté dónde estaba Jimmy en esos días y cómo estaba. Sabía que unos años antes se había mudado a Florida con su familia. El amigo de Jimmy guardó silencio y dijo que lamentaba decirme que Jimmy había fallecido en 2005 después de un brote de neumonía. Había vivido mucho tiempo con su parálisis, a pesar de que los médicos inicialmente le habían dado una expectativa de vida de cinco años. Jimmy había sido premiado con un grado honorífico de la Universidad Estatal de Westfield, estuvo casado por un tiempo y estaba trabajando en un libro para cuando falleció. Siguió en contacto con los directores deportivos de la Universidad Estatal de Westfield y fue nombrado en el Salón de Honor de los atletas.

La competencia de calle Jimmy Banacos todavía se realiza cada año. El departamento de deportes universitarios de la Universidad dedicó un campeonato de la universidad en honor de Jimmy, la copa James Banacos. Los equipos de una variedad de deportes son juzgados durante el transcurso del año y el equipo ganador es nombrado campeón.

Todos amaban a Jimmy, antes y después de su devastador accidente. Como Rick, tenía una personalidad magnética y disfrutaba estar con la gente. Su madre, Toulah, ahora viuda y en sus ochenta años, fue la fuerza detrás de Jimmy para que le fuera tan bien como le fue por tanto tiempo. Ella buscó toda clase de tratamientos y cirugías, incluso unas experimentales que los llevaron a otros países. Le dije al amigo de Jimmy ese día cuánto había significado Jimmy para mí y para mi hijo, la forma como Rick siempre había dicho que necesitaba correr

esa primera carrera porque quería mostrarle a Jimmy que la
vida sigue a pesar de tener una discapacidad. Me preguntaba si Jimmy alguna vez había sentido eso, si alguna vez supo
cómo se sentía Rick respecto a él y el futuro de los dos, y el
impacto que había hecho su historia en nuestras vidas. Aunque él fue nuestra inspiración, tristemente Rick y yo nunca tuvimos la oportunidad de conocer a los Banacos y agradecerles
personalmente.

Capítulo 10

Resistencia

Tres años después de esa primera carrera, Rick y yo estábamos listos para competir de nuevo. Supimos de una carrera de 10 km que se hacía cada año en un pueblo cercano,
Springfield, Massachusetts, como parte de una celebración
griega llamada el Festival Glendi. Parecía divertida, así que
decidimos que esa sería nuestra primera carrera oficial, una
forma de entrar a la arena de la competencia.

Cuando llegó el momento, Rick en su nueva silla de carreras y yo sintiéndome mucho más tonificado y preparado para
la carrera de larga distancia después de todo mi entrenamiento, nos encontramos con un obstáculo que no esperábamos.
A medida que avanzábamos en medio de la multitud, mucho
más grande que la de la competencia de caridad de Jimmy
Banacos, veíamos competidores muy buenos por todas partes. Tuve el sentimiento de que no éramos muy bienvenidos.
En la mesa de registro, los directores nos miraron confusos.
Revisaron papeles, hablaron en secreto como si nosotros no
estuviéramos frente a ellos, y parecían renuentes a por lo menos permitirnos registrar. Eso me sorprendió y también me
avergonzó un poco. Era la primera vez que encontrábamos

oposición en una actividad fuera de la escuela. Difícilmente parecía algo realizable después de lo duro que habíamos trabajado para llegar hasta ese punto.

Rápidamente se hizo claro que muchas personas en la carrera de 10 km de Springfield se oponían a nuestra participación, desde los organizadores del evento hasta otros competidores registrados. Los organizadores de la carrera trataron de explicarlo como una formalidad. Para empezar estaba el problema de las divisiones de competencia. Las carreras estaban agrupadas por edades, así que los organizadores preguntaban si deberíamos ser categorizados por mi edad o por la de Rick. Finalmente, después de hablar un poco respecto a un tema que nos seguiría en carreras posteriores, nos dieron dos números separados. Yo sería juzgado dentro de mi grupo de edad y Rick en el suyo. Ante los organizadores, todo giraba en un problema: no había categoría para nosotros. La discapacidad de Rick le impediría impulsar su propia silla, así que no sería justo para los otros atletas en silla de ruedas si competíamos contra ellos. Supongo que también vieron que Rick y su silla obstruirían el camino de otros competidores sanos si compitiéramos contra ellos. Algo tan simple como inscribirse para una competencia, se complicó rápidamente.

Es obvio para todos los que me conocen, que yo no recibo un no por respuesta. Estaba corriendo por Rick, quien deseaba ser un atleta pero no tenía cómo seguir su pasión. Yo no estaba corriendo por placer propio. Yo sólo le prestaba mis brazos y piernas a mi hijo. No iba a permitir que los directores me desanimaran. Después de algo de persuasión, finalmente a Rick y a mí nos permitieron inscribirnos en la carrera como participantes oficiales, cada uno en nuestra propia división de edad. Pero la resistencia no paró ahí. En el aire se sentía un sentimiento general de negatividad. Nadie quería a Rick en una competencia. Todos, incluyendo otros participantes, nos miraban como si no tuviéramos nada que hacer en una carrera de 10 km. Nadie nos hablaba ni quería tener nada que ver con nosotros. Algunos corredores sanos incluso expresaban su preocupación, preguntando por qué querría yo impulsar a un niño en una carrera cuando ni siquiera podía hablar sino sólo sentarse en su silla de ruedas. En realidad no los culpaba. La gente generalmente no estaba educada respecto a las personas con discapacidades, y nunca antes habían visto una pareja como nosotros. Era como si Rick tuviera una enfermedad contagiosa y otros competidores y espectadores se estuvieran preguntando si se iban a contagiar de algo. Era una época diferente, un tiempo de evasión, razón por la cual Rick y yo hacemos mucho ahora para crear consciencia sobre la realidad de la discapacidad. Tomó mucho tiempo, pero me alegra decir que las cosas han mejorado tremendamente. Pero en ese entonces éramos usados para hacer oposición.

La espera en la línea de salida de la competencia de Springfield se sintió diferente que la de la competencia de caridad tres años antes. Para comenzar, había trescientos competidores más en la carrera de 10 km, así que estábamos rodeados por un mar de atletas. Aunque ahora tenía cuarenta años, me sentía más fuerte y en una mucha mejor condición que la que tenía tres años atrás. Mientras esperábamos el disparo de partida, pensaba: "Podemos hacerlo". El equipo Hoyt estaba listo. Luego arrancamos. Rápidamente todo nuestro trabajo y preparación se hicieron evidentes. Fue una carrera mucho más suave. La nueva silla de carreras de Rick funcionó exactamente como habíamos esperado. Las llantas de cicla se adhirieron al camino y nos llevaron el curso sin desviarse. Yo me sentía bien, también, como si pudiera correr todo el día. Algo más de seis millas no era nada. Estaba en lo cierto.

Pero mi familia probablemente subestimó la habilidad atlética del equipo Hoyt. Algunos familiares habían venido a animarnos pero no nos esperaban hasta el final de la carrera. Estaban afuera viendo los estantes de feria cuando cruzamos la línea de llegada.

Terminamos en treinta y ocho minutos y treinta segundos, por delante de ciento cincuenta de los trescientos competidores. Judy y los chicos nos felicitaron, y yo me sentí muy bien por nuestro desempeño. Podía darme cuenta que Rick también estaba complacido. Su clásica sonrisa iba de oreja a oreja. Mientras me limpiaba el sudor de las cejas y discutíamos qué haríamos el resto del día ahora que teníamos asegurada nuestra primera carrera oficial, otro competidor se acercó a darme la mano. Dada la fría recepción que habíamos tenido, eso me sorprendió un poco. El competidor, Pete Wisnewski, quería decirme que habíamos hecho un gran trabajo. Fue amigable y conversador, y me causó una gran impresión. Pete nos trató como si fuéramos otros corredores que habían estado entrenando y merecían un buen final. Fue un progreso bien recibido en comparación con lo que habíamos experimentado con los otros atletas y así comenzó nuestra amistad. Pete, un corredor por mucho tiempo, conocía todo respecto al escenario atlético en Massachusetts. Después, él y yo entrenamos juntos. Como era un corredor más rápido que Rick y yo, en realidad me inspiró a mejorar mi vigor y velocidad.

Después de la competencia de 10 km de Glendi, los fines de semana de 1980 fueron destinados a competir. Casi cada fin de semana encontrábamos una carrera en alguna parte. A Rick y a mí nos gustaba mucho levantarnos temprano los sábados, yo cargaba la silla de ruedas en nuestra camioneta y nos íbamos. A veces nos aventurábamos fuera de Massachusetts. A menudo, nuestro nuevo amigo Pete Wisnewski iba con nosotros. Pete nos presentó la idea de correr distancias más largas.

En ocasiones, Rick y yo corríamos hasta tres carreras, una en la semana y luego una tras otra el sábado y el domingo. Parecía que no queríamos dejar de hacerlo. Rick era la fuerza motora detrás de todas las carreras. Competencia tras competencia, llegaba a casa y preguntaba en su computador "¿Cuándo es la siguiente?" Me preocupé un poco por él porque tenía un espíritu muy competitivo. A veces en medio de la carrera, si veía a otro competidor al frente que pensaba que podíamos adelantar, se emocionaba mucho y golpeaba su silla tanto que tenía que decirle que lo tomara con calma o se voltearía. El entrenamiento padre-hijo iba en doble vía. Rick me hacía impulsarme a mí mismo, pero no demasiado. Escuchaba mi respiración durante la carrera. Si se hacía muy pesada, volteaba su cabeza y me hacía saber con una mirada: "Tu turno papá, tómalo con calma". Hicimos un gran equipo, y a medida que íbamos de competencia en competencia, la gente finalmente comenzó a aceptar la idea de competir con nosotros. Pero fue una batalla difícil.

Cuando comenzamos a hacernos un nombre y a competir oficialmente, los reporteros también empezaron a contar nuestra historia en periódicos y revistas. Recibí cartas de personas con familiares discapacitados que estaban muy enojadas queriendo saber por qué arrastraba a mi hijo a todas esas carreras. Lo que ellas no sabían es que era mi hijo quien me estaba arrastrando a mí a todas ellas. Rick era el que quería correr. Pensaba que si eso era todo lo que me pedía, que corriera unas millas empujándolo en una silla de ruedas, entonces era lo menos que yo podía hacer por mi hijo.

Alrededor de 1980, comenzamos a evaluar nuestras tres carreras por semana. Entre más corríamos, más fuertes nos hacíamos. En una semana de tres carreras, siempre parecía que la tercera carrera la hacíamos más rápido, como si estuviéramos alcanzando nuestro ritmo. Fue ahí cuando se me ocurrió que, como nuestro amigo Pete, de verdad podíamos correr distancias mucho más largas que las de 5 km o 10 km en las que habíamos estado corriendo. Pete estuvo de acuerdo y nos dijo que debíamos hacerlo. En ese momento decidimos correr la madre de todas las maratones: la Maratón de Boston.

A finales del invierno de 1980 envié nuestra aplicación de ingreso a la Maratón de Boston a la Asociación Atlética de Boston (BAA, por su sigla en inglés). Dos semanas después, recibimos una respuesta: Nuestra aplicación había sido rechazada. No se nos permitiría competir en la carrera como participantes oficiales, y no calificábamos para la división en silla de ruedas. Dado el problema que tuvimos para los 10 km de Springfield, no me sorprendió mucho. Entendí que sencillamente tenía que seguir detrás de la BAA hasta que los organizadores cedieran. Llamé y escribí probablemente una docena de veces entre esa primera aplicación y abril, cuando se realizaba la competencia. La respuesta siempre fue la misma, no se me permitía correr la maratón porque no calificaba para ninguna de las divisiones. Finalmente, creo que ellos cedieron un poco, sólo para que yo dejara de molestarlos. Los oficiales de la competencia arreglaron diciendo que podíamos correr la carrera, pero no nos darían un número, y tendríamos que partir detrás de los participantes en silla de ruedas. Entonces, podíamos correr pero sólo como competidores no oficiales. O, como los corredores que ven a cualquier competencia y que participan sin pagar la inscripción; es decir que podíamos correr como rufianes.

La idea de ser visto como malhechor no me emocionaba, pero mientras se acercaba la maratón, parecía nuestra única opción. No podíamos dejar de correr en Boston. Había algo en Rick y en mí que nos impulsaba a correr esa carrera que era justo la de nuestra ciudad natal. Sentíamos que pertenecíamos a ese lugar y estábamos listos para intentarlo.

En los meses previos a la maratón, intensifiqué mi entrenamiento y estaba corriendo distancias más largas por más tiempo, Mientras que Rick estaba en la escuela y no podía entrenar conmigo, yo volvía a mi confiable bolsa de cemento para practicar. A pesar de todo el trabajo que invertimos en eso, sabía que si teníamos una esperanza de terminar una maratón y hacerlo bien, necesitábamos correr una carrera de más de diez millas.

Como era usual, nuestro amigo Pete encontró la solución. Conocía una carrera de dieciocho millas llamada Chop-a-Thon en Albany, New York, que se realiza un mes antes de la Maratón de Boston. Parecía la perfecta carrera de práctica. Si lográbamos correr dieciocho millas, le dije a Rick, también seríamos capaces de correr veintiséis. Qué eran unas pocas millas extra, pensé. Entonces nos enfocamos en New York.

El día de la carrera de Albany fue terrible. Al norte del estado de New York en marzo el clima estaba exactamente como era de esperarse, con nieve y hielo. Pero éramos hombres de Massachusetts, sabía que podíamos soportarlo. Y si no lo lográbamos, sabía que no teníamos nada que hacer corriendo la Maratón de Boston. La mañana de la competencia, envolvimos a Rick con varias capas de sudaderas, una gorra, guantes y gafas de sol. Probablemente aumentó veinte libras. No iba a tener frío, eso era seguro.

Un reportero del canal 4 de Boston, Barry Nolan, nos había seguido hasta Albany basado en el consejo de una mujer que estaba buscando ganar un concurso para ayudar a la estación a encontrar "la historia más inspiradora de la Maratón de Boston". Posteriormente la historia del equipo Hoyt ganó el concurso, antes que intentáramos en Boston, y la mujer que la entregó ganó un viaje a Hawái. Antes que la carrera de Albany comenzara, le dije a Nolan que nuestra meta era correr a un ritmo de siete minutos. Recuerdo lo sorprendido y dudoso que se mostró. Pero habíamos estado entrenando mucho. En la nieve o bajo el sol, sentía que podíamos hacerlo.

El equipo Hoyt tenía que demostrar algo antes de intentar la maratón. Estaba haciendo frío, dieciocho frías millas, pero me sentía bien de poder estar allá corriendo durante esa cantidad de tiempo, empujando a Rick. Judy, Rob y Russ nos siguieron en la camioneta por el camino que iba paralelo a la ruta de la carrera. De vez en cuanto bajaban las ventanas o se detenían y bajaban para animarnos. Yo los saludaba cuando los

veía, y eso me impulsaba a esforzarme. Había mil trescientos
competidores en el Chop-a-Thon, de Albany, y con un tiempo
de finalización de dos horas y seis minutos, vencimos a nove-
cientos de ellos, Nolan estaba ahí en la meta para decirnos que
lo habíamos logrado en un ritmo de siete minutos. Cuando
pregunté qué venía ahora, le respondí de inmediato: Boston.

Nuestro buen final en el Chop-a-Thon fue más que suficiente para demostrar nuestra credibilidad, pero sentía que
todavía íbamos a enfrentar algo de resistencia al llegar a Boston. Después de todo, estábamos corriendo como bandidos,
una decepcionante categoría en la cual estar, pero parecía que
no había alternativa. Todavía teníamos que demostrar nuestra
valía. Es difícil mirar hacia atrás y recordar que una vez, en el
mundo de las competencias, la gente no nos aceptaba ni a mi
hijo ni a mí. Después de todas las carreras que corrimos y el
tiempo invertido, las actitudes comenzaron a cambiar lentamente. Le doy crédito a Rick y a su habilidad de ganarse a la
gente. Todo lo que se necesitaba era alguien que se acercara
a nosotros, le hablara a Rick, y lo viera como persona. Los
competidores y seguidores de las carreras estaban comenzando a reconocer que hablábamos en serio respecto a competir y
que para Rick significaba todo poder participar en un deporte
que principalmente había sido exclusivo para personas sanas,
o para quienes eran discapacitados pero tenían algún control
sobre sus cuerpos. Por amor a mi hijo, hice a un lado cualquier pensamiento de resistencia u obstáculos y me enfoqué
en Boston.

El gran día de la maratón, el 20 de abril de 1981, llegamos
a la línea de salida en el pueblo de Hopkinton cuatro horas
antes. Nunca antes había estado tan ansioso respecto a una
carrera. Sabía que esto era grande para Rick y para mí. Esperábamos terminar en tres horas. Todo el tiempo estuve revisando la silla de Rick y creo que lo enloquecí preguntán-
dole cómo se sentía y asegurándome que estaba bien. Traté

de mantener el más bajo perfil posible. En realidad temía que los directivos nos sacaran de la carrera en el último minuto. Finalmente, anunciaron que la carrera estaba por comenzar y que los atletas en sillas de ruedas debían alistarse para salir. Nos formamos y le dije a Rick que se sostuviera. Competidores oficiales o no, estábamos en la Maratón de Boston. Era asombroso estar entre todos esos atletas y escuchar el rugir de los espectadores, una multitud como la que nunca antes había visto. Me sentí muy emocionado, por casi durante las primeras veinte millas.

Luego, cerca de la milla veintidós, me golpeó. Mis piernas estaban ardiendo, mis pulmones me dolían e incluso mis brazos. A veces sentía que iba a vomitar toda el agua que había tomado antes del comienzo de la carrera. Estaba haciendo un frío glacial, así que cuando el viento golpeaba mi pecho, pensaba que la parte superior de mi cuerpo estaba congelándose. Dolía tanto que por un rato me vi forzado a caminar. Sabía que había echado a perder nuestra meta de tres horas. Pero sorprendentemente, los otros competidores nos animaban. Nos alcanzaban y golpeaban mi espalda diciendo "Sigue como vas" cuando pasaban, y me animaban a seguir. Y aunque esos golpes en mi espalda se sentían como si pesaran quinientas libras, eran inspiradores. El tradicional juego de los Medias Rojas que se juega el día de la carrera había terminado antes de que llegáramos a la recta final cerca de Fenway Park, pero los aficionados se habían abarrotado alrededor para animar a los corredores. Nos estaban animando a nosotros. Rick casi voltea su silla, se emocionó mucho con el aplauso.

Cruzamos la meta en Copley Square (frente a Prudential Tower), nuestra primera maratón, después de tres horas y dieciocho minutos de carrera a un ritmo de siete minutos y medio. Rick y yo teníamos frío, estábamos exhaustos y decepcionados de no haber alcanzado nuestra meta. Pero habíamos terminado. Habíamos corrido la Maratón de Boston.

No mucho después de que esta terminara, Nolan emitió al aire una nota de seguimiento sobre nosotros en el canal 4 de Boston. Esa transmisión nos puso en el mapa, y los elogios que recibimos me revitalizaron.

Hablé sobre Rick, su silla, y su CIT, para que el Centro Médico de Tufts recibiera algo de reconocimiento, lo cual se convirtió en fondos para otros proyectos. Rick y yo nos sentíamos celebridades de un momento a otro. No sabíamos qué hacer con la nueva atención. Sólo esperaba que la controversia nos facilitara entrar a futuras competencias, incluyendo la Maratón de Boston. Rápidamente retomamos el entrenamiento y planeamos otro año de competencias. Todo el tiempo seguí pensando en Boston, en el siguiente año, en correr más rápido y mejor y como competidores oficiales en lugar de bandidos.

En el reportaje que hizo Nolan, preguntó si volveríamos a correr la Maratón de Boston de nuevo. Yo le dije que la correría el próximo año, pero la haríamos en tres horas. Era una promesa que aspiraba cumplir.

Capítulo 11

La Maratón de Boston

Desde nuestra primera vez corriendo como bandidos, Rick y yo hemos corrido la Maratón de Boston veintisiete veces. Es la carrera que casi nunca nos hemos perdido desde que comenzamos a correr en competencias. Así es de importante para nosotros. Sólo hemos faltado dos veces, una en el 2003 porque yo acababa de sufrir un infarto y otra en 2007, cuando Rick se recuperaba de una cirugía. Eso dice mucho respecto a nuestra fidelidad al evento.

Algo de la Maratón de Boston nos hace seguir volviendo año tras año. No es sólo que es una de las más antiguas del mundo. No necesariamente es la mística que rodea la carrera, tampoco su origen griego, o la gran multitud que llega cada año, ni el alboroto que rodea el día de los patriotas, una festividad que conmemora el aniversario de las primeras batallas de la revolución americana. Ni se trata del gran juego en Fenway Park donde los Medias Rojas han jugado en casa todos los años desde 1959. Todo eso es atractivo y hace que una maratón sea emocionante. Pero lo que realmente hace que Boston sea especial para nosotros es que, en términos sencillos, es la carrera de nuestra ciudad natal.

La Maratón de Boston es la primera que completamos, así que naturalmente tiene un lugar especial en nuestros corazones. Para mí, es la carrera perfecta ya que está a poca distancia de donde criamos a nuestros hijos. El evento permitió que mi hijo y yo nos uniéramos a una de las competencias mundiales de más alto perfil, y que nos sintiéramos como legítimos atletas, aunque a los oficiales les tomó un tiempo reconocerlo.

En un artículo escrito acerca de nosotros hace unos años para *Runner's World*, Jack Fleming, vocero de la BAA, reflexionaba acerca de cómo Rick y yo nos hemos convertido en participantes reconocidos de la maratón. "Ellos personifican la competencia tanto como los mejores atletas ", cita Fleming y continúa diciendo: "Ellos también son por excelencia chicos de New England. Las multitudes los aman". Palabras como esas nos hacen sentir bien recibidos, como si realmente perteneciéramos, lo cual es especialmente satisfactorio después del duro trabajo que nos tomó lograr que la gente llegara a tener esa perspectiva.

Una de las razones principales por las que corremos cada año en Boston, es porque es gratificante saber que no sólo encajamos en una parte sino que también somos respetados. La gente quiere conocernos y compartir sus propias historias, algo que encuentro increíblemente conmovedor cada vez que sucede. Completos extraños se nos acercan antes de la carrera y nos dan la mano, nos dan palmadas en la espalda y dicen: "Siempre esperamos verte cada año. No es la Maratón de Boston a menos de que los veamos a ustedes dos corriendo". Quieren tomarnos una foto y nos desean buena suerte.

La mejor parte de la carrera de Boston es la feria exposición de los días previos a ella. Hay pabellones con muestras gratis y parafernalia de la maratón. Puedes conocer a gente de todo el mundo. Esa es nuestra parte favorita y es probablemente la razón por la cual comenzamos a instalar nuestro propio pabellón del equipo Hoyt cada año. Nos encanta conocer a todas esas personas y hay muchos que quieren hablar conmigo y con Rick para compartir sus propios retos y éxitos. Otros padres e hijos, madres e hijas, esposos y esposas nos hablan de cómo sus relaciones se fortalecieron al correr juntos. Es lo mismo que con Rick y conmigo, así que ver eso reflejado en otros nos hace sentir como si estuviéramos haciendo una diferencia en las vidas de otros.

A pesar de los cientos de otras competencias en las que hemos corrido, y de millas que hemos acumulado, la Maratón de Boston es nuestra carrera favorita y la que esperamos cada año. Me ha permitido desarrollar una relación muy especial con mi hijo, constituida porque descubrimos nuestro amor por correr juntos. Rick y yo decimos que si sólo lográramos hacer una carrera al año, esa sería la de Boston. Estábamos destinados a ser corredores en esa carrera. Pero tomó algo de tiempo que otros entendieran eso.

Después de nuestra primera Maratón de Boston en 1981, me propuse cumplir mi promesa de que el siguiente año no entraríamos a la carrera como bandidos, sino como corredores oficiales. Como la mayoría de las cosas en mi mundo, era más fácil decirlo que hacerlo. Entre nuestra primera Maratón de Boston y la siguiente, Rick y yo habíamos estado ocupados participando hasta el final en más de cincuenta carreras. Probablemente le escribí la misma cantidad de cartas a la BAA tratando de convencer a los oficiales de que nos permitieran correr como participantes oficiales. Cada vez que escribía o llamaba con una prueba de que Rick y yo éramos capaces y merecíamos una posición en medio de los corredores oficiales, no importaba que mi prueba demostrara nuestro buen final en otra competencia larga, o cómo nunca habíamos sufrido una lesión, la respuesta siempre era no. Incluso contacté a Will Cloney, el entonces director ejecutivo de la carrera. Era amable pero permanecía firme, diciendo que sencillamente no había nada que pudiera hacer para cambiar las reglas y permitirnos participar oficialmente. Yo entendía sus razones, pero en mi familia habíamos aprendido hacía mucho tiempo que a veces las reglas necesitan ser ajustadas. Por lo menos merecíamos una oportunidad. A pesar de la decepción, Rick y yo seguimos con nuestra rutina normal, sintiendo que nuestro entrenamiento con el tiempo daría resultados.

Desafortunadamente no los dio en 1982, cuando de nuevo nos vimos forzados a correr la carrera de nuestra ciudad natal como bandidos. Pero por lo menos cumplí una promesa. La corrimos justo en menos de tres horas registrando dos horas y cincuenta y nueve minutos. Y los medios registraron la noticia. Incluso oficiales de la BAA nos felicitaron por nuestro logro. Los reporteros estaban tan impresionados que comenzaron a preguntarme si incluso había considerado correr por mi cuenta, sin mi hijo. Era la primera vez que alguien me sugería eso, y fue completamente impactante. Supongo que nunca se me había ocurrido. Aunque me alegra que estuvieran comenzando a verme, especialmente a mi edad, como un atleta competitivo, respondí rápidamente que nunca correría sin mi hijo. Él era la razón por la cual yo había comenzado a correr. Seguimos haciéndolo por el bien de todos los demás discapacitados que no tenían la oportunidad que nosotros. Siempre quisimos crear consciencia, y mientras pueda hacerlo, lo haré. Además, sin Rick, no sabría qué hacer con mis brazos.

Antes de darnos cuenta, otro año había pasado y aunque era difícil de creer, Rick estaba en su último año en la Escuela Secundaria de Westfield cuando llegó la Maratón de Boston de 1983. Judy había terminado su posgrado en Educación Especial. Rob vivía sólo y tenía un buen empleo, y Russ era una estrella de lucha en la secundaria. Rick y yo estábamos corriendo casi sin parar. Habíamos ganado notoriedad y apoyo del público, pero todavía teníamos que convencer a la BAA de que estábamos listos para competir oficialmente en Boston. Cuando presioné por primera vez, la respuesta seguía siendo la misma, Rick y yo podíamos correr de manera no oficial, pero como Rick no estaba corriendo y no podía impulsar su propia silla de ruedas, yo era considerado el único atleta de nuestro equipo. Era frustrante por no decir más. Al menos nos sentíamos bien recibidos por el hecho de que se nos permitiera hacer la carrera, pero estábamos cansados de ser bandidos. Por lo menos yo lo estaba. No me gustaba ser parte de algo que al mismo tiempo me hacía sentir excluido. Rick solía decir que no le importaba que fuera de una u otra forma, mientras sus amigos y familiares estuvieran ahí para animarlo. Eso era lo que él anhelaba cada año.

Continuamente me agradaba su actitud positiva, pero el reconocimiento oficial era importante para mí. Era un obstáculo más que debíamos superar para que otros entendieran que personas con discapacidades no son menos capaces o valiosas que los que no las tienen. Para mí, Rick era un atleta, podía ser todo lo que quisiera ser y hacer todo lo que quisiera hacer. A veces, tuvimos que ser creativos para que eso sucediera, pero tenía toda la confianza en mi hijo.

Finalmente, con los medios de nuestro lado, la BAA hizo un compromiso. Era muy tarde para hacer un cambio para la maratón de 1983. Sin embargo, la BAA dijo que en el futuro podíamos correr la carrera de forma oficial, si cumplíamos con los requerimientos especificados. Las noticias eran alentadoras, pero no venían sin trampa. Lo que esto quería decir era que debíamos correr lo suficientemente rápido para calificar. Y debíamos correr rápido no en la división de mi edad (tres horas y diez minutos) sino en la división de la edad de Rick. A fin de calificar como corredores oficiales, debíamos correr otra maratón oficialmente evaluada en dos horas y cincuenta minutos, el requisito para un corredor de veinte años. ¿Cuánto quieres apostar a que esos directores pensaron que nunca lo lograríamos? ¿Cuánto quieres apostar a que yo estaba decidido a demostrarles lo contrario? Ese año, superamos nuestro record anterior y corrimos la Maratón de Boston en dos horas y cincuenta y ocho minutos. No era lo suficientemente bueno para calificar oficialmente, pero estaba cerca. Nos propusimos a mejorarlo.

Rick y yo comenzamos a correr cada competencia que pudiéramos, y luego directores de carreras comenzaron a invitarnos. Nuestra historia se había esparcido y comenzamos a recibir casi más invitaciones a competir en carreras de las que estábamos en capacidad de aceptar. Hicimos cuantas pudimos, largas o cortas, de caridad o patrocinadas, considerando todo evento una práctica para Boston. Recuerdo que Rick estaba en la escuela, y yo seguía trabajando tiempo completo. Era un acto de equilibrio, pero algo que Rick y yo sentíamos que valía la pena; yo quería clasificar por encima de todo. Finalmente, nuestro amigo Pete Wisnewski me sugirió la Maratón del Cuerpo de Marina en Washington D.C. Es una gran competencia que atrae a muchos competidores y tiene un muy buen recorrido. Como se realizaba en otoño en lugar de a finales de invierno, parecía que nuestras posibilidades eran mejores de lograr el tiempo de clasificación de dos horas y cincuenta minutos. Sentí que ésta era la indicada.

En octubre de 1983, durante el fin de semana previo a Halloween, hacía frío y llovía en Washington D.C. No hacía tanto frío como el que hizo en Boston a comienzos de ese año, así que estábamos agradecidos por eso. Y optimistas. Rick, como siempre, era un buen deportista y tomó mi seriedad con algo de escepticismo. La mañana de la Maratón del Cuerpo de Marina, cuando fui a la habitación de Rick a alistarlo para el día, estaba esperándome con la cabeza rapada (gracias a sus hermanos), un uniforme de marina que había logrado comprar y un saludo. Rick siempre ha sabido cómo quitar algo de presión, y siempre presiente cuando estoy nervioso antes de una carrera y necesito calmarme.

Después de reírme al verlo en su vestimenta de marino, lo vestí más adecuadamente para la maratón, revisé tres veces todos los elementos de su silla de carreras y salimos hacia el recorrido alrededor de la capital de la nación. Sólo imagina cómo es correr en medio de fervor patriótico, rodeado de monumentos históricos en cada giro. La multitud era enorme, la maratón es la quinta más grande de los Estados Unidos, y la décima más grande del mundo. Como es la más grande de su clase que no ofrece un premio en dinero al ganador, la mayoría ha optado por llamarla "La maratón del pueblo". De hecho, había mucha gente presenciando la carrera. En medio de los atletas sanos había algunos participantes en silla de ruedas, y nos alineamos con ellos. Con el disparo de salida, arrancamos y avanzamos rápidamente las primeras diez millas en sólo una hora, más que suficiente para lograr nuestra meta. Traté de mantener un ritmo de ahí en adelante. A medida que nos acercábamos a la meta, no podía ver el cronómetro. Pero veía a Rick reaccionando, moviendo sus brazos en el aire. Cuando cruzamos la meta hubo una ovación como la que nunca antes había escuchado, sabía que lo habíamos logrado.

Nuestro tiempo oficial para la Maratón del pueblo fue 2:45:30. Doug Donaldson, un periodista que escribió un artículo sobre nosotros para la revista *Heart-Healthy Living* en el verano de 2007, explicó el logro: "Míralo de esta manera: el dúo ha terminado más rápido que Lance Armstrong en la Maratón de la ciudad de New York de 2006. Y la mayoría de los atletas de alto rendimiento entrenan por años aspirando a ese tiempo de menos de 3 horas". Ahora, generalmente no me gusta hablar de mis propias habilidades, pero después de esa maratón del Cuerpo de Marina, sabía que habíamos logrado algo grande. Posteriormente mucha gente se acercó a felicitarnos, era sobrecogedor. Incluso Bill Rodgers, uno de mis héroes personales que había ganado la Maratón de Boston en cuatro ocasiones, le dijo a un reportero de la revista *People Weekly* que Rick y yo éramos atletas de talla mundial: "Todo el que está involucrado en el deporte de maratón se inspira en los Hoyt". No puedo expresar cuán grande fue la lección de humildad que aprendí al escuchar un atleta a quien respetaba profundamente hablar de mí en términos tan elogiosos.

Pero, mayormente, me alivió que Rick y yo lo hubiéramos logrado. Sabía que como estábamos casi cinco minutos por debajo del tiempo de clasificación ordenado, finalmente habíamos allanado el camino para correr como participantes oficiales en la Maratón de Boston. Tan pronto regresamos de D.C., llené nuestra aplicación. Incluso hice que Rick firmara con una X. Poco tiempo después la BAA nos otorgó el permiso de hacer oficialmente la carrera. Fue un día emocionante, otro gran obstáculo superado por el equipo Hoyt.

Dado nuestro triunfo con la Maratón de Boston, más y más gente quería contar nuestra historia, y 1984 demostró ser un gran año para los Hoyt. *Hour Magazine*, un programa de televisión a nivel nacional, hizo un reportaje sobre nosotros justo antes de la maratón de 1984. Parecía como si todos los habitantes de Boston nos reconocieran por el programa. Sin duda todos los que competían en la carrera ese día conocían nuestros nombres. Los oficiales de la BAA obviamente también habían visto el especial de televisión, y dada nuestra historia con ellos, conocían nuestros nombres. En los días de la feria exposición, previos a la maratón, mientras nos preparábamos para la carrera y avanzábamos con las usuales pruebas de registro, antes de recibir nuestro primer número de entrada oficial a la Maratón de Boston, miembros del comité de la BAA nos pidieron a mi hijo y a mí que habláramos en los medios ayudando a promover el evento. Reconocí la ironía en su solicitud, pero me alegraba ayudar.

Mientras no fuéramos más bandidos, me alegraba. A Rick le encantaba la atención extra. Dijo que se sentía como una celebridad. Esa fue una maratón para recordar. Sólo saber que éramos corredores oficiales hizo una sorprendente diferencia. Correr al lado de todos aquellos otros superiores y bien preparados atletas, era toda una experiencia. Nuestra nueva fama no obstaculizó el desempeño. Terminamos la Maratón de Boston de 1984 en dos horas, cincuenta minutos y cinco segundos, suficiente para vencer nuestro mejor tiempo de Boston.

No sólo habíamos sido incluidos, también tuvimos éxito. No hay mejor sentimiento en el mundo.

Ese primer año que corrimos como participantes oficiales, también logramos otra meta, Rick se graduó de secundaria. Comenzamos a hacer planes para el siguiente paso, que era la universidad y su independencia. Mi pequeño hijo se había convertido en un hombre joven. No podía estar más impresionado con la forma como había crecido y madurado. Mi primogénito se había convertido en un adulto joven. También se había convertido en mi mejor amigo. Era claro para todos los que nos conocían ver cuán lejos había llegado nuestra familia. Fue un tiempo especial en nuestras vidas, poder reflexionar en todo lo que habíamos logrado desde el nacimiento de Rick.

También reflexionamos sobre los años pasados y la travesía que hicimos con la carrera de nuestra ciudad natal. No sólo nuestra relación había crecido, sino que habíamos desarrollado una nueva relación al correr. La Maratón de Boston había jugado un gran papel para hacer eso posible. Éramos maratonistas oficiales. La marea nos seguiría por muchos años. De hecho, para el aniversario número cien de la maratón en 1996, los organizadores y patrocinadores de la competencia nos reconocieron a Rick y a mí como "héroes centenarios honoríficos". Era increíble hacer parte de tal celebración y ser reconocidos por una carrera en la que habíamos invertido mucho.

Pero en 1984, ese reconocimiento estaba a años de distancia. Teníamos más carreras que hacer, más maratones de Boston por completar. Si lográbamos esa proeza, sabía que hacia adelante había incluso mayores aventuras por descubrir en competencias.

Capítulo 12

Triatlones

Después de mucho debate, Rick había optado por estudiar en la Universidad de Boston, una elección adecuada dadas nuestras victorias en esa ciudad y mientras estábamos en el proceso de acomodarlo en la universidad decidí convertirme en triatleta. El reto lo presentó un amigo atleta en otra competencia, justo antes de la maratón del Cuerpo de Marina donde hicimos nuestro tiempo de clasificación para Boston.

La carrera de 7.1 millas en Falmouth era una de nuestras competencias favoritas y tratábamos de correrla todos los años. Era un paseo corto comparada con las maratones para las que habíamos estado entrenando, pero aún seguía siendo divertida, a la vez que un buen entrenamiento. Como era prácticamente en el patio trasero de donde una vez vivimos, y como los padres de Judy todavía vivían cerca de Cape Cod, siempre se sentía como volver a casa, algo así como una reunión familiar. Considerábamos la Falmouth como otra carrera de nuestra ciudad natal, así como la Maratón de Boston. Siempre nos recibían con los brazos abiertos.

En agosto de 1983, después de la carrera de Falmouth, los aficionados comenzaron a reunirse alrededor nuestro. "He oído de ustedes dos", dijo un atleta. "Ustedes son Dick y Rick Hoyt. Es un placer conocerlos". Ese atleta era Dave McGillivray, quien dirigía una empresa de deportes en el área de Boston. Se convirtió en un amigo de toda la vida. También era triatleta y un pionero del deporte en el noreste. Nos elogió por nuestro desempeño y dijo: "Dick, yo creo que serías un buen triatleta. Debes intentar hacer triatlones". Me hizo reír un poco cuando lo sugirió, "¿acaso los triatlones no incluían nado?" le pregunté, pero entendí que hablaba en serio. Le dije que seguro haría triatlón, pero sólo si Rick podía hacerlo conmigo. Bueno, eso finalizó la oferta. Dave miró a Rick en su silla, dio la vuelta y se marchó.

Pasó todo un año y de nuevo estábamos en la misma competencia en Falmouth cuando Dave volvió a decirme, "Vamos Dick. Ahora estás en mejor forma. Ya has dominado la maratón. Debes hacer triatlones". Sin dudar, le di la misma respuesta que le había dado el año anterior. De alguna forma, para mi sorpresa, él dijo que quería que el equipo Hoyt corriera un triatlón de resistencia llamado el triatlón Bay Site que él patrocinaba en Medford, Massachusetts. Sugirió que mirara qué tipo de equipos podría construir para que Rick y yo pudiéramos competir juntos, y él lo haría realidad. Yo estaba abrumado y emocionado por la posibilidad de competir en un triatlón con mi hijo.

Desde que habíamos conocido a Dave el año anterior, Rick había estado insistiéndome porque era algo que quería hacer. Realmente estaba interesado en hacerlo. No importaban las dificultades inherentes que implicaba encontrar cómo montar a Rick en una bicicleta y llevarlo en el agua. Yo no había montado bicicleta desde que tenía seis años. No sabía nadar. Iba a ser una tarea como ninguna otra que antes hubiera intentado, pero Rick insistía. De inmediato, en nuestra competencia anual de Falmouth, me comprometí a correr el triatlón de Dave. Si él podía hacer que entráramos, yo podía encargarme del resto. Si no hubiera sido por Dave, probablemente nunca habríamos hecho triatlones.

Le dije a Dave que miraría qué podía hacer para equipar adecuadamente al equipo Hoyt para una competencia que no era sólo de atletismo sino también natación y ciclismo. Teníamos más o menos nueve meses para prepararnos. Para complicar las cosas, yo estaba en el proceso de cambiar de trabajo. La Guardia Nacional Aérea me había promovido y quería transferirme a Wellesley, justo a las afueras de Boston. Judy estaba feliz en Westfield, Russ todavía estaba en secundaria y ahí estaba yo tratando de ingresarnos en un deporte completamente diferente. Con el ascenso y todo lo demás que estaba sucediendo, empecé a pensar que si íbamos a hacer triatlones y hacerlos bien, tenía que aprender a nadar. Para mí eso significaba que debía comprar una casa en un lago, y eso fue exactamente lo que hice. Judy y yo siempre habíamos soñado con tener una casa frente a un lago. Como estaba mirando la posibilidad de retirarme en los próximos años, convencí a la familia de que era una buena idea. Encontramos una gran casa de campo en Holland, Massachusetts, rodeada de largos y montañosos caminos (perfecta para nuestro entrenamiento en bicicleta) y justo frente a un hermoso lago llamado Hamilton Reservoir (como una piscina en mi patio trasero). La casa necesitaba mucho trabajo, pero eso me atraía, porque había trabajado en construcción por años. Era hora de que yo tuviera la oportunidad de volver a trabajar en mi casa. Todo comenzó con la compra de una casa en un lago.

Participar en triatlón no es lo mismo que correr una maratón. Mis hijos rápidamente me recordaron que no sabía nadar cuando les hablé de mis grandes planes de comprar una casa al lado del agua. Nadar iba a ser un reto en sí mismo. Rob, quien había nadado en competencias de secundaria, podía atestiguar que era un trabajo duro y muy diferente a correr. Aprendí eso muy pronto.

Después de mudarnos, decidí intentar en el lago. Fui al agua, salté y rápidamente me hundí hasta el fondo. Fue una sorpresa desagradable. Traté todas las combinaciones de movimientos de brazo, golpes y patadas que se me ocurrieron pero sencillamente no pude lograr que mis extremidades cooperaran. No podía respirar y no entendía cómo sostener mi aliento y salir para tomar aire mientras me movía en el agua. Era muy diferente a poner un pie frente al otro y fortalecerse en medio del dolor de una carrera. Sabía que esto realmente iba a ser un reto.

Rob hizo su mejor esfuerzo explicándome métodos de respiración e incluso entró al agua y me mostró cómo flotar y mover los brazos al mismo tiempo. Pero era difícil que lo aprendiera, como todo lo demás, supongo. Todo el verano salté al agua todos los días. Cada vez, lograba ir un poco más lejos y podía sostener mi aliento un poco más. Cuando el agua del lago se puso muy fría, compré mi primer traje de buceo. Cuando el invierno realmente llegó a Massachusetts, me uní al YMCA local y nadaba rondas en la piscina bajo techo.

Comencé a sentirme más cómodo en el agua, pero todavía había una pregunta respecto a cómo lograríamos que Rick entrara al agua conmigo. Sabía que tendía que halarlo en algún tipo de vehículo, y lo único que se me ocurría era un bote. Un día vi a uno de mis vecinos remando en un bote inflable por el lago y supe que esa era mi respuesta. Sería más liviano que un bote o canoa, y sus lados elevados tendrían a Rick seguro y seco. Cuando se esparció el rumor de que estaba buscando un bote inflable para remolcar a mi hijo en triatlones, un amigo en el club de yates de Falmouth ofreció donar un bote inflable nuevo de nueve pies, que entonces era fabricado por Boston Whaler. Era perfecto. Vi que fácilmente podía extender una cuerda entre mi cuerpo y el bote, y consideré mis opciones para encontrar materiales lo suficientemente resistentes para hacerlo. Como lo había hecho muchas veces antes cuando buscaba material de campaña, busqué al oficial de suministros en la base. ¿La solución? Viejos amarres de paracaídas que uní con una correa. Lo único que me quedaba era asegurarme que Rick tuviera un paseo cómodo. Consideramos poner un piso de madera en el fondo del bote, pero eso afectaba la intensión de hacer que el bote fuera liviano y maniobrable. Al final optamos por una bolsa rellena de bolitas que la hermana de Judy, Nancy, hizo en California.

Habiéndonos ocupado de la parte de natación, pasé a definir la bicicleta. Montar en bicicleta resultó ser una curva de aprendizaje mucho más fácil que la de nadar. Pero, de nuevo teníamos que encontrar una manera de poder remolcar o empujar a Rick con seguridad desde una bicicleta. Encontré a un hombre en Longmeadow, Massachusetts, que construía bicicletas de carreras y marcos. Le hablé de un diseño de silla en el que había estado pensando. Tenía la idea de poder remolcar a Rick detrás de mí, al estilo tráiler, en una silla que luego, con un simple cambio de llantas, podía fácilmente convertirse para la parte de atletismo. Esto eliminaría el tener que mover a Rick de una silla a otra y ahorraría tiempo. Al constructor de bicicletas de carreras le gustó mi idea y dijo que podía fabricarla, pero no sería económico. Una bicicleta Trek nueva de dieciocho velocidades y una silla de carreras costarían más de $4.000 dólares. Y teníamos que arreglar con médicos ortopédicos de Springfield para que nos ayudaran a moldear la silla perfecta que le quedara a Rick y lo llevara seguro en todo el recorrido. Rick y yo tuvimos que engañar un poco a su madre para convencerla de que era una buena inversión. Pero como ya estábamos registrados para el triatlón, finalmente cedió y nos dejó proceder.

El equipo final de nuestro primer triatlón no estuvo listo hasta una semana antes de la carrera. Eso significó que nuestra primera práctica en lago con Rick en el bote inflable se hizo sólo unos pocos días antes de la carrera real. Eran los primeros días de verano y el lago estaba lleno con botes y esquiadores; las olas que creaban me ponían muy nervioso. Mi meta era hacer un trayecto alrededor del lago que yo suponía era una milla aproximadamente, la distancia que nadaríamos en el triatlón. Judy y uno de mis hermanos, Phillip, estuvieron ahí para ayudar a poner a Rick en el bote. Luego nos siguieron en un bote a motor para poder vernos y alejar a otros botes.

Entramos al agua y de inmediato supe que iba a ser muy diferente a mis entrenamientos solitarios de natación en las mañanas. Para empezar, además de haber viento, había una corriente fuerte. Las olas que otros botes estaban generando ponían resistencia. Chapoteé y pateé lo mejor que pude, pero era difícil conservar un camino recto. Nos tomó una hora y durante todo el trayecto podía escuchar a Rick riéndose. De vez en cuando miraba hacia atrás para asegurarme que la bolsa de bolitas lo tenía estable y que el agua no estaba llenando el bote. Ahí estaba Rick, acostado, feliz como una lombriz.

Rick nunca tuvo miedo. Si pudiera saltar de un avión lo haría. Siempre había girado alrededor de nuevas experiencias. Entonces sólo estaba a comienzos de sus veinte, al inicio de su adultez. Como cualquier chico de esa edad, estaba buscando aventura. Siempre fui el que más temor tuvo por Rick y por cómo le iría en la competencia. La práctica de natación fue exitosa, así que nos sentimos muy bien con la parte de natación del triatlón que rápidamente se acercaba. Pero todavía no podíamos probar la nueva bicicleta de Rick. La silla hecha a su medida no había llegado. Nos la entregaron el sábado, un día antes del triatlón, así que no hubo tiempo para una carrera de prueba.

Si tenía alguna noción de lo que iba a ser el hecho de participar en un triatlón, quedó atrás al ponernos en la línea de partida en Spot Pond para el Triatlón de Bay State en Medford, el Día del Padre de 1985. Fue toda una celebración de esta fecha, compitiendo en un triatlón por primera vez. La mayoría de la gente, en su primer intento hacen un triatlón rápido, que consiste en nadar un tercio de una milla, hacer un recorrido en cicla de nueve a doce millas, y probablemente una carrera de 5 kilómetros. El triatlón de Dave's Bay State consistía en una milla de natación, cuarenta millas de ciclismo y una carrera de diez millas. Sabíamos que las diez millas no serían un problema. Lo que me tenía nervioso eran los segmentos de natación y ciclismo que había que hacer antes. No éramos como los triatletas promedio que llegan con una cicla y un traje de baño listos para salir. Teníamos que preparar mucho antes de cada parte de la competencia. Teníamos que inflar el bote y alistarlo, alistar la cicla y poner la silla de Rick en ella, y luego hacer la conversión de ruedas para la silla de carreras.

Entendí que este primer triatlón iba a ser una competencia de prueba. Pero mientras me ponía mi traje de buceo y poníamos a Rick en el bote, comencé a emocionarme, un sentimiento diferente que el de nuestra primera maratón. Tenía el sentimiento que, aunque seguíamos teniendo encima las miradas e incluso uno o dos "¿qué es esto?", era claro que la mayoría de personas sabían quiénes éramos: el célebre Equipo Hoyt. Dave anunció a los espectadores mientras otros atletas se reunían, que Rick y yo estábamos compitiendo en nuestro primer triatlón y esperaba que otros participantes nos dieran una mano si la necesitábamos. ¡Vaya forma de animar nuestra confianza! Cuando los otros atletas nos vieron descargando y alistando todo nuestro equipo, sabían que competíamos en serio. La gente comenzó a considerarnos miembros de su club. Me sentía como un atleta real.

En ese caluroso día, mientras vadeaba en el agua fría de Spot Pond halando a Rick, me preguntaba cómo me había metido en eso. Era una locura que estuviera a punto de nadar una milla, halando un bote con mi hijo ya grande adentro, habiendo aprendido a nadar el año anterior. Pero todo lo que tenía que hacer era mirar hacia atrás, ver a Rick y saber lo emocionado que estaba. Sabía que debía dar lo mejor de mí. El disparo de inicio sonó, y arrancamos. Primero, el agua se agitaba con los golpes de todos los nadadores. Estábamos justo en medio de todos. Traté de mantenerme en el borde exterior para evitar que otros chocaran con el bote de Rick. Todos estaban atentos, así que no resultó un problema para nada. Después del agite inicial, las aguas se calmaron y logré un ritmo.

Fue mucho más fácil que nadar en el lago en un día de verano con muchos botes. En menos de una hora habíamos completado la porción de natación, más rápido que nuestro tiempo de práctica y mucho más rápido de lo que había esperado. Mientras me quitaba mi traje de buceo y sacaba a Rick de su bote inflable y le quitaba su salvavidas, Rick sólo sonreía. Era un recorrido de doscientas yardas por la arena, cargando a mi hijo ya grande, hacia nuestra bicicleta de carreras, la cual no habíamos probado. Estaba más nervioso en cuanto a esta parte, pero honestamente, sabía que si había logrado completar un recorrido de una milla nadando sin detenerme o sin voltear el bote que estaba halando, el resto sería pan comido. Mi mayor preocupación era el combo de bicicleta y silla de carreras nuevas que no habíamos tenido la oportunidad de probar.

El recorrido resultó ser muy montañoso. El viento aumentó. Las condiciones para un recorrido en cicla de cuarenta millas en el sofocante calor de junio no eran las mejores. Podía sentir como se sacudía de un lado a otro la silla que remolcaba, pero como estaba a seis pies detrás de mí, me fue difícil estar pendiente de Rick y asegurarme que no se fuera a caer. Cuando pude mirar hacia atrás, pude ver lo emocionado que estaba. Tuve que imaginarme lo emocionado que debía estar, yendo rápido con el viento en su cara. Nunca habíamos llegado a esa velocidad corriendo así que sabía que le gustaba.

Aún así, con la bicicleta y silla de carreras un poco precarias y sin haberlas probado, quería mantenerme precavido. Conservé un ritmo estable y confiaba que los ruidos de alegría que Rick hacía significaban que todo estaba bien. Otros ciclistas nos adelantaban y nos animaban haciéndome señas de aprobación con sus pulgares al pasar por nuestro lado. Pero, me alivió llegar a la parte de atletismo de la competencia. Desconecté la silla de mi bicicleta y ajusté la rueda nuevamente al frente, me puse mis zapatos de atletismo, y salimos. Esta era nuestra especialidad. Diez millas no eran nada, y las hicimos en una hora y cinco minutos.

El triatlón nos tomó cuatro horas, pero terminamos. Como en nuestra primera carrera, llegamos antes del último, pero no de últimos. Pensé que era una buena muestra, considerando las probabilidades en nuestra contra. Dave estaba ahí en la línea de llegada para preguntarnos cómo nos había parecido. Bromeé diciendo que habríamos podido ir más rápido, si Rick no hubiera dormido su siesta. En realidad, nos sentíamos muy bien. Los espectadores y los otros competidores fueron de mucho apoyo. Scott Tinley, quien ganó el triatlón ese año e impuso un nuevo record de tiempo en ese curso, nos felicitó. Luego me enteré que habíamos estrechado manos con una celebridad. Tinley había ganado una competencia de Hombres de Hierro en Hawái.

Me invitaron al micrófono para decir algunas palabras durante la ceremonia de premiación. Era la primera vez que se me daba la oportunidad de dar crédito en público al real ganador de todas las competencias del equipo Hoyt: mi hijo Rick. Si no hubiera sido por él, dije, probablemente pesaría trescientas libras y estaría relajándome en un bar por ahí. Era cierto. Lo sabía entonces y lo sé ahora. La otra verdad era que nos había encantado nuestro primer triatlón. Estábamos enganchados. Adictos al triatlón, nos llamé, mientras mi hijo miraba alegremente. No podíamos esperar para entrar de nuevo.

Capítulo 13

Hombres de Hierro

Después de ese primer triatlón y que Rick y yo nos hicimos adictos al triatlón, ingresamos a todos los que podíamos acomodar en nuestras agendas. En 1986 incluso retamos al hermano menor de Rick, Russ, a que compitiera contra nosotros. No fue sorpresa que lo venciéramos, pero sólo por unos minutos. Russ definitivamente era un nadador más fuerte que yo, pero todos sabíamos que no había competencia en la parte de atletismo. Rick y yo habíamos pulido nuestra capacidad competitiva hasta convertirla en una fina pieza de arte, y habíamos registrado tiempos de maratón a muy pocos minutos de los records mundiales. Russ casi literalmente era un pez fuera del agua, y nosotros éramos corredores de experiencia que tampoco éramos tan malos en la bicicleta.

Para entonces, Rick y yo éramos veteranos de triatlón y nuestra agenda estaba llena, otro año lleno de competencias de fin de semana. Fue entonces que recibí una llamada telefónica a comienzos de la primavera. Del otro lado estaba Lyn von Ert, la directora de la carrera de Hombres de Hierro Canadá. Ella quería subir el nivel de la competencia. Nos llamaba para invitarnos a participar en el evento de finales de agosto.

Sabía un poco acerca de la organización Hombres de Hierro. Cualquiera que compita en triatlones tiene un ojo puesto en Hombres de Hierro. Es lo mejor de lo mejor, lo más lejos que puede ir una competencia. También es un evento diseñado para mostrar a los mejores triatletas. Hombres de Hierro Canadá incluía competir en terreno desconocido, por distancias más extensas que cualquier triatlón en el que hubiéramos competido. Aunque Rick y yo habíamos hablado acerca de hacer triatlones más grandes, no sabía que estuviéramos preparados para ser Hombres de Hierro. En realidad no estaba muy seguro en cuanto a qué hacer con la oferta de Lyn. "¿Está bromeando?", le pregunté. Ella me dijo que estaban dispuestos a pagar todos nuestros gastos si queríamos competir. Hablaba en serio. Parecía una oportunidad que no podíamos desperdiciar.

Al principio Rick pensó que yo estaba loco por aceptar. Probablemente sí. Sabía que las 2,4 millas de natación serían difíciles y 112 millas de ciclismo seguidas por una carrera casi igual a una maratón ya era algo insondable. Pero teníamos un nuevo remolque de bicicleta de carreras, gracias a la compañía de Ingeniería XRE. Ya habíamos dominado la natación. Rick pensó en el asunto. Yo también lo pensé. Puedes adivinar nuestra conclusión. Antes de saberlo, ya era agosto 31 y estábamos en Penticton, British Columbia, a orillas del Lago Okanagan.

Aunque no completamos esa primera competencia de Hombres de Hierro antes de las diecisiete horas de cierre, terminamos, y una vez más, no terminamos de últimos. Cruzamos la línea de meta con una increíble ovación. "Carros de fuego" sonaba en los altoparlantes. Había champaña esparciéndose y muchos espectadores estaban ahí para asegurarse de que lo lograríamos, lo cual hicimos cerca de la una de la mañana. La competencia no había sido un paseo. Mis piernas casi se rinden, y Rick había sufrido algo de deshidratación.

Sólo después supe que Hombres de Hierro Canadá tiene la reputación de ser una de las competencias más duras del mundo, porque el curso es muy retador. Soy de aquellos que prefiere enfrentar una carrera sin prevenciones y sortear los retos a medida que se presenten durante el evento, así que rara vez miro anticipadamente el curso de una carrera. Pero en Penticton algunos reporteros de la revista *Parade* que estaban cubriendo un reportaje sobre nosotros y haciendo una crónica sobre nuestra primera competencia de Hombres de Hierro habían salido el día previo a la carrera para mirar el recorrido. Cuando regresaron anunciaron: "No hay forma de que termines la competencia de cicla". Eso fue siete horas antes de que Rick y yo comenzáramos a competir. No les presté ninguna atención a los reporteros que pensaban que el trayecto sería muy difícil para nosotros. Habíamos enfrentado esa clase de escepticismo antes.

Hombres de Hierro Canadá verdaderamente no era fácil. La parte montañosa de la ruta de bicicleta Ritcher Pass, tenía las inclinaciones más pronunciadas que hubiéramos recorrido en cicla antes. Fue extenuante, pero nos recuperamos. Rick hizo toda la carrera con su usual sentido del humor, con el look de Mohicano que se había hecho antes de la competencia. Bromeé diciendo que el cabello extra que tenía en su cabeza seguro no había logrado el efecto aerodinámico.

Un par de semanas después, la revista *People* hizo una historia sobre Rick y yo en Canadá. La reacción fue increíble. Se hizo claro que teníamos una base de seguidores que crecía rápidamente, gente que no sólo nos reconocía, sino que nos enviaba cartas de admiración, únicamente porque nos habían visto competir. Amigos de toda la comunidad atlética lo estaban notando.

"¿Ahora qué viene, Rick?" ¿Crees que podemos vencer esto?" Le pregunté a mi hijo después de volver a casa en los Estados Unidos. El artículo de la revista *People* acababa de salir, y ya estábamos viendo la abundancia de apoyo, el ánimo para seguir así. Como siempre, Rick sonrió y rió, complacido con la atención positiva y listo para la siguiente aventura.

Hombres de Hierro Canadá había sido un verdadero reto, posiblemente el más difícil que habíamos enfrentado. Pero no fue sorpresa que sólo nos hiciera querer más. Me enfoqué en Kahuna: Hombres de Hierro Hawái. Es el campeonato mundial, donde los mejores triatletas de todas partes se reúnen para competir. Es la mayor prueba para el cuerpo y el corazón. Aunque hay miles de triatletas en todo el mundo, esta es la que los atletas consideran la mejor del deporte. Es la versión súper tazón del triatlón, Wimbledon, la serie mundial de beisbol, el tour de Francia... te puedes hacer una idea. De acuerdo con los folletos de información, miles de triatletas aplican para hacer parte de una de las competencias de Hombres de Hierro más codiciada del mundo cada año. Sólo 1800 logran llegar a la línea de partida en Kona, Hawái.

Hombres de Hierro original, es la competencia de resistencia más demoledora. Las aguas hawaianas son tibias así que no se permiten trajes de buceo. No hay ayuda adicional por su flotabilidad. Las montañas para el ciclismo son empinadas y a menudo más complicadas con ráfagas de viento. La porción de la maratón a lo largo de la costa de la Gran Isla, con los vientos cruzados de los campos de lava a tu espalda hace que la carrera sea calurosa.

Sentía una conexión especial con Hombres de Hierro porque el evento comenzó para la época en la que Rick y yo empezamos a competir. En 1977, comenzó como un reto en una ceremonia de premios en una carrera de relevos en Honolulu. Un grupo de atletas locales discutió la idea de iniciar un triatlón anual de resistencia combinando tres eventos importantes que ya se realizaban en la isla, natación en el mar, ciclismo en el desierto de lava y maratón a lo largo de la costa de la isla. El comandante de la Armada de los Estados Unidos, John Collins había sugerido combinarlos y crear un evento de un sólo día. En la ceremonia de premiación de carreras de relevos, el comandante Collins anunció el evento y prometió: "Al que termine primero lo llamaremos el Hombre de Hierro". Lo que dijo el comandante Collins respecto al evento es lo que especialmente tiene significado para mí, Hombres de Hierro se trata de terminar lo que comenzaste. Puede que no termines primero o tan rápido como la persona que termina delante de ti, pero por lo menos termina. Es el mensaje que se ajusta perfectamente con el modo de pensar del equipo Hoyt. Teníamos que competir en esa carrera.

Como con cualquier triatlón en esa escala, tienes que clasificar a fin de competir. Para hacerlo, debes ganar en la división de tu edad en otra competencia clasificadora de la serie de Hombres de Hierro, ganar la lotería de Hombres de Hierro, o en un caso extraño, recibir una invitación especial. Rick y yo estábamos decididos a intentarlo, así que durante el proceso de aplicación seguimos corriendo en eventos con distancias similares a las de Hombres de Hierro como el triatlón de resistencia Hyannis. Allí tuvimos un buen trayecto de natación, a menudo la parte más difícil para nosotros en cualquier triatlón. Lo hicimos de nuevo en una hora y cincuenta minutos, media hora menos de lo que habíamos hecho en Canadá. Hicimos la ruta en plano de ciclismo en menos de ocho horas, dos horas menos de lo que habíamos hecho en Richter Pass. Nuestra meta para Hyannis, que creíamos nos clasificaría para Hombres de Hierro Hawái, eran doce horas. Terminamos en 13:45. No fue tan rápido como me habría gustado, pero aún así eran cuatro horas menos que nuestra primera competencia en Hombres de Hierro un año atrás.

En enero de 1988, después de un año compitiendo, incluyendo un Hombres de Hierro, medio Hombres de Hierro, tres triatlones olímpicas, cinco maratones (incluyendo una en Barbados), tres medias maratones, y quince carreras cortas de calle, escribí una carta a los oficiales de Hombres de Hierro Hawái para pedir permiso para competir en el evento de ese año de 1988. No habíamos ganado en la división de nuestra edad en Hyannis pero esperaba que con nuestro fuerte desempeño, pudiéramos recibir una invitación especial del comité de Hombres de Hierro Hawái. En mi carta detallé nuestro historial de competencias y nuestras capacidades, resaltando nuestros desempeños en Penticton y Hyannis. Hice énfasis en nuestra experiencia y pasión por el deporte y lo que podíamos llevar a un evento de talla mundial. Finalmente escribí acerca del honor que sería para nosotros competir en la carrera.

Nos estábamos preparando para nuestra octava consecutiva Maratón de Boston cuando llegó la respuesta del Campeonato Mundial de Hombres de Hierro: nuestra aplicación había sido rechazada. A los oficiales les preocupaba que la parte de natación fuera demasiado peligrosa para nosotros. No me extrañó su respuesta. Ya antes habíamos sido rechazados, así que no esperaba que esta fuera fácil. Rápidamente respondí enfatizando las medidas de seguridad que siempre tomamos e indicando que ya antes habíamos nadado distancias de triatlón en toda clase de aguas. Nos manteníamos ocupados en competencias desde California hasta Massachusetts, y no pasó mucho tiempo para que los amigos de Hombres de Hierro Hawái respondieran a mi segunda apelación. La respuesta fue la misma. Lamentaban no poder permitirnos competir por razones de seguridad.

Ahí fue cuando llamé a la artillería pesada. Judy usó la influencia en el congreso que tenía por su trabajo con congresistas para implementar el Capítulo 766 unos años atrás para convencer a un senador hawaiano de que nuestra participación en la destacada competencia sería buena publicidad para su estado natal. Él accedió y se puso en contacto con la representante de Hombres de Hierro a cargo de nuestra aplicación, Valerie Silk. Al mismo tiempo, Dave McGillivray, quien tenía fuertes conexiones con miembros del comité de Hombres de Hierro, también abogó por nuestro caso. Posteriormente y de forma increíble, Silk accedió. Oficialmente fuimos invitados a participar en el Campeonato Mundial de Hombres de Hierro de 1988. Sin embargo la invitación llegó con una advertencia. Silk reiteró que la competencia sería difícil y que era probable que encontráramos obstáculos físicos y mentales que nunca antes habíamos enfrentado. Eso no nos iba a detener. Íbamos rumbo a Hawái.

Habiendo antes competido en climas más calientes y terrenos desafiantes, sabíamos que necesitaríamos tiempo extra para aclimatarnos y ajustarnos a un entorno muy diferente. No todos los días nadamos contra fuertes corrientes oceánicas, andamos en cicla por suelo de lava que se desmenuza, ni corremos en el pavimento caliente del trópico. El viaje en sí sería un reto. Primero, teníamos que llevar todo nuestro equipo. Organizarnos y registrar un bote inflable, una bicicleta, una silla de carreras para el vuelo fue toda una odisea. Siempre era difícil para Rick viajar a un lugar lejano. Se sentía muy incómodo, confinado por tanto tiempo en un avión. Siempre que viajamos juntos, lo revisaba constantemente, porque sus tensos músculos lo hacían deslizar de la silla sin importar qué tipo de retenciones hubiera en sus piernas. Con frecuencia tenía que levantarlo en su silla para volver a acomodarlo. La diferencia de tiempo entre Massachusetts y Hawái, desorganizaría por completo los hábitos de Rick, desde la toma de las pastillas para relajar sus músculos hasta los horarios para ir al baño. Iba a ser una prueba, pero sentíamos que llegar a Hawái y poder competir en tan prestigioso evento valdría la pena. Teníamos razón.

Volamos a Hawái diez días antes del evento mundial de Hombres de Hierro. Como era nuestra primera vez en Hawái, los primeros días hicimos de turistas, acomodándonos y mirando los paisajes de la isla y adaptándonos al clima caliente.

Toda nuestra familia vino con nosotros, incluyendo a los hermanos de Rick. Hacía unos meses Rob se había casado con
su novia de la niñez, Mary Conners, y los dos vinieron con
nosotros a Hawái. Continué con mi estricto horario de entrenamiento y practiqué nadando en el las corrientes oceánicas
y haciendo ciclismo cuando los vientos hawaianos estaban en
su punto más fuerte. Un día Rob y Russ se nos unieron a Rick y
a mí para nadar en familia. Juntos hicimos las 2,4 millas completas. A medida que el día del evento se acercaba, todos en la
familia estaban emocionados de ver nuestro desempeño.

En la orientación, los representantes de Hombres de Hierro hicieron énfasis en la importancia de hidratarse. También advirtieron que no deberíamos hacer cambios de último
minuto a nuestra rutina regular de entrenamiento. Entendía
perfectamente la primera parte. Si sólo hubiera escuchado la
segunda.

Cuando llegó el día de la carrera, estaba muy emocionado.
Fue increíblemente emocionante estar afuera a las 7:00 a.m.
en las profundas aguas oceánicas, rodeado por los mejores
triatletas del mundo, el sol apenas saliendo, y esperando en las
olas el disparo de partida. Rick estirado en su bolsa de bolitas
en el bote, también lo estaba disfrutando. Me mantuve alejado
de los casi dos mil participantes al posicionarnos en el perí-
metro del grupo. Luego sonó el cañón, y salimos, una masa de
nadadores espumeando el mar con nuestros golpes. Teníamos
dos horas y quince minutos para completar la ruta de natación
sin ser descalificados. Llegamos al giro de mitad de camino en
menos de una hora. Me sentía muy bien en ese punto, pero mi
estómago estaba un poco mal. No pasó mucho tiempo para
entender por qué.

Había cometido el crucial error sobre el que los representantes de la competencia nos habían advertido. Había cambiado mi rutina de entrenamiento. Por todas partes a donde iba,
representantes de Gatorade habían estado regalando botellas

de su producto. (Gatorade estaba patrocinando el evento) yo nunca había tomado Gatorade antes de una carrera y de hecho nunca lo había tenido como mi principal fuente de agua. Pero por algún motivo, había estado pensando en la instrucción de mantenerme hidratado, así que debí haber tomado un galón de los fluidos sustitutos de Gatorade la noche anterior y varios sorbos más en la mañana del evento. No sabía que sólo debes tomar esos fluidos sustitutos durante la competencia o después del evento, no antes de que comenzara. El exceso de electrolitos azucarados me golpeó después de una hora de natación.

Me encalambré, algo que nunca antes me había pasado, y cuando tragué agua de mar tratando de mantenerme a flote, vomité líquido azul y verde. Seguimos tratando de nadar hasta que el tiempo de corte expiró. Luego el personal del bote de seguridad vio que estaba en problemas y nos llevaron seguros a Rick y a mí a la orilla. Fue terriblemente decepcionante. Sentí que había dejado decepcionados a todos, incluyéndome a mí. Ya no podía volver a decir que habíamos terminado todas las carreras que habíamos comenzado. Cuando llegamos a la orilla, sentí la urgencia de saltar de vuelta al océano y nadar a casa en Massachusetts. No me sorprendió que mi familia se reuniera alrededor mío. Pero más sorprendente fue que al día siguiente, cuando me reuní con Valerie Silk y la directora de la carrera, Debbie Baker, nos animaron a intentarlo de nuevo el próximo año. Tenían toda la confianza de que podíamos hacerlo. Y lo hicimos.

Todo el siguiente año, entrené más duro de lo que había entrenado antes, aumentando la cantidad de tiempo que pasaba en el agua y en la bicicleta. Todo cayó perfectamente en su lugar. Habíamos encontrado amables patrocinadores, American Airlines y XRE, y el Hotel Konola en Hawái nos hospedó gratis. Todo lo que tenía que hacer era esforzarme en la parte física. (Evité cualquier líquido excepto el agua antes de la carrera).

El campeonato mundial de Hombres de Hierro de 1989 en Kona fue una competencia para memorar. Esa mañana, terminamos la natación en una hora y cincuenta minutos. El viento en contra desde las montañas en la parte de ciclismo demostró ser un reto pero Rick y yo estábamos bien preparados, con una capa de bloqueador de sol y usando cascos, en caso de que nos cayéramos. Terminamos en menos de ocho horas. La maratón fue agotadora. Nunca había tenido tanto calor mientras corría. Pero fue una maravillosa experiencia a medida que nos acercábamos a la línea de meta. Con la multitud al final, los anunciantes informaban nuestra llegada, y mi adrenalina fluía, fue un momento para estar verdaderamente emocionado de lo que habíamos logrado.

Sabía que el crédito era para mi hijo. Él era mi motivación. Algo sucede en mí cuando estoy compitiendo con Rick que hace que vayamos más rápido. Mi fuerza viene de él, como si pasara de su cuerpo al mío. La fuerza que recibí de mi hijo ese día permitió que nos convirtiéramos en Hombres de Hierro.

ABC cubrió todo el evento e hizo una gran grabación de Rick y yo por la ruta. Cuando la emitieron, la respuesta fue tremenda y conmovedora. En un punto, un comentador habló cuando Rick y yo cruzábamos la línea de meta con una multitud ovacionando frenéticamente, lanzando guirnaldas y nuestros familiares con lágrimas en los ojos: "Hace veintisiete años la familia Hoyt comenzó el largo viaje que los ha traído a este día y este momento. A lo largo del camino, la familia ha enfrentado la cruda realidad. Por medio del amor, han transformado una vida de privaciones en una vida de posibilidades".

Luego vi que nos habían dado un maravilloso regalo, no sólo el gozo que un hijo le da a su padre, sin importar las capacidades del hijo, sino también la posibilidad de esparcir consciencia respecto a personas con discapacidad, respecto a lo que puedes lograr si simplemente te enfocas en eso. En las pa-

labras del director fundador de Hombres de Hierro, el comandante John Collins, terminamos lo que habíamos comenzado.

Los siguientes meses trajeron más entrevistas en televisión, artículos y una nominación a atleta del año, que el escri-
tor Gerry Callahan del Boston Herald urgió que fuera elevada
a atleta de la década. Yo me sentía honrado. Simplemente estaba agradecido por la oportunidad de competir con los mejores y terminar. Después de 1989, completaríamos otra competencia mundial de Hombres de Hierro en Kona, Hawái, 1999.
Nunca nadie como el equipo Hoyt había hecho Hombres de
Hierro de Hawái. Antes de nosotros, nadie había intentado esa
competencia como equipo. Hasta hoy, nadie nunca ha llevado
a otra persona en la ruta de natación. Ha habido guías para
personas legalmente ciegas, pero el atleta ciego nada, hace ciclismo y corre por sí mismo con una correa atada al guía. Rick
y yo éramos únicos.

Como mi cincuentavo cumpleaños se acercaba, supe que
teníamos mucho más dentro de nosotros. Habían muchos
más logros grandes en nuestro futuro. Me preguntaba qué
otra cosa podíamos hacer Rick y yo más allá de Hombres de
Hierro.

Capítulo 14

Grandes logros

Ya oficialmente convertidos en Hombres de Hierro, pensé: ¿Por qué detenernos ahí? Años antes, se había hecho claro que eso era lo que debíamos hacer, mi hijo y yo embarcándonos en aventuras juntos. Entre más física fuera la aventura, mejor. Estábamos dispuestos para casi cualquier reto competitivo que se presentara. Teníamos algo que probar. Yo era un hombre de edad madura decidido a no rendirme con mi primogénito. Rick, en toda su vida, había encontrado adversidades que quienes somos lo suficientemente afortunados para no tener discapacidades nunca hemos imaginado. Si una carrera de natación de 2.4 millas en el océano seguida por una carrera en bicicleta por 112 millas (y después de eso una maratón) no nos ganaron, nada más podría. Si hubiéramos tenido el tiempo y el entrenamiento, habríamos escalado el Monte Everest. Rick y yo teníamos toda la adrenalina y pasión para hacer cosas nuevas.

Después de competir por más de diez años, Rick no era sólo un seguidor. Era la estrella. Rick y yo veíamos cada carrera, ya fuera una de 5 km, una maratón o un triatlón, no como un obstáculo a superar sino como un reto emocionante que tenía el potencial de acercarnos más el uno al otro simplemente por terminar la carrera. Con una experiencia de más de una década en carreras competitivas, esperábamos con expectativa lo que traería el futuro. Habíamos conquistado Canadá y derrotado Hawái. Éramos Hombres de Hierro. ¿Qué otra cosa sería posible enfrentar?

La década de los 80 pasó tan rápido como el viento. Participando y continuando con Hombres de Hierro, competimos localmente, como siempre, corriendo maratones, y terminando triatlones en todo el Noreste. En Washington D.C., nos nombraron al Honors Court por el Torneo de Campeones Vince Lombardi, donde conocimos personas maravillosas como Patrick Ewing, Bob Hope, y Mike Ditka. Le di la mano a Bob Hope y bromeamos sobre nuestro juego de golf. Rick y yo ganamos un premio de Healthy American Fitness Leaders (HAFL) y pudimos ver sitios de interés en Long Beach, California, cuando nos llevaron en avión a la ceremonia. Incluso hicimos varias medias competencias de Hombres de Hierro, incluyendo la media maratón de Hombres de Hierro de Milwaukee aunque los oficiales vetaron la parte de nado por condiciones peligrosas.

Nuestros viajes nos llevaron al exterior cuando, en medio de un invierno en Massachusetts, fuimos a un clima más cálido al ser invitados a competir en Barbados. Aunque nuestro primer campeonato mundial de Hombres de Hierro no resultó ser lo que esperábamos, regresamos más fuertes al siguiente año y nos sentimos como los líderes de la isla. Después de esto fuimos a la triatlón nacional en El Salvador, donde el director nos premió con dos medallas de oro y un machete por terminar la carrera.

Esa carrera fue una experiencia cultural. La recepción que tuvimos fue reconfortante a pesar de la pobreza que vimos y de lo evidente que era que las personas del área tenían poco por lo cual estar alegres. Tengo el machete exhibido en mi casa y siempre me recuerda de nuestros viajes y me ayuda a poner las cosas en perspectiva si alguna vez siento lástima por mí mismo. Sé lo afortunado que soy por poder hacer todo lo que hago y tener hijos que me aman y amigos que me respetan.

Todas estas travesías me hicieron pensar. Hemos estado en muchos lugares y hemos visitado estados y tierras alejadas de Massachusetts. Hemos volado de ida y regreso a través de los Estados Unidos para participar en tantas carreras que ya he comenzado a perder la cuenta. Tendría que revisar mis registros para poder nombrarlas todas. Habíamos registrado el tiempo de tantas millas en diferentes estados. ¿Por qué no hacerlo oficial y correr a lo largo de los Estados Unidos? Y ¿por qué no hacerlo a nombre de las personas con discapacidades y de esta forma ayudar a crear conciencia?

Originalmente, mi gran plan era hacer una mega-triatlón continua de clases. Nadaría, correría y montaría bicicleta a lo largo de los Estados Unidos, con Rick como mi compañero. Desde luego, el problema era que iba a ser muy complicado lograr estar cerca de un cuerpo de agua para hacer la parte de nado todos los días. Aun así podríamos hacer la jornada corriendo y montando bicicleta. Habíamos estado haciendo eso prácticamente todos los días. Simplemente trazaríamos un tramo más largo que se extendería de la costa oeste a la costa este. Sonaba lo suficientemente fácil y al final de cuentas era para una causa mayor que un logro personal y satisfacción propia. Gracias, en parte, a la atención nacional que habíamos recibido debido a Hombres de Hierro, habíamos establecido el Fondo Hoyt en 1992. El fondo era una organización caritativa con el fin de enriquecer la vida y la movilidad de personas con discapacidades. Una travesía a lo largo de los Estados Unidos que fuera documentada nacionalmente parecía la forma perfecta de presentar por primera vez el fondo, comenzar a recaudar más fondos públicos y reunir más apoyo. (En 2005 cambiamos el fondo a la fundación sin ánimo de lucro Hoyt Inc.)

Rick estaba ahí conmigo, emocionado con la idea de una carrera a lo largo de los Estados Unidos. Estaba pronto a terminar su carrera universitaria en Educación Especial. Su meta también había sido difundir la idea de cuán capaces son quienes tienen discapacidades. Cómo decía en entrevistas, a él nunca le habría importado correr por los Estados Unidos sólo por poder decir que lo habíamos hecho. Pero lo que realmente le importaba era llamar la atención sobre nuestra organización. También quería hacer algo que la personas con discapacidades no habían hecho, para demostrar que cualquier cosa es posible. Era un trato hecho.

No importaba el costo, íbamos a hacer esa travesía juntos. Requirió mucha planeación, negociación y asegurar patrocinios. Cuando no hubo suficiente para cubrir los gastos del viaje, Judy y yo decidimos refinanciar nuestra casa por $70.000. Puede haber parecido impulsivo, pero yo había puesto mi mirada en algo, y lo iba a hacer, especialmente cuando significaba tanto para mi hijo. En el verano de 1992, Rick y yo tomamos un mes y medio para correr y montar bicicleta por más de 3.770 millas a lo largo del país desde Santa Mónica hasta, dónde más sino, Boston, mientras Russ y Judy nos seguían en un tráiler.

Fue un viaje de familia aunque fue el viaje familiar más agotador que haya hecho. Russ también vino, lo cual fue una fortuna, porque resultó ser de mucha ayuda para nosotros. Rob tuvo que quedarse trabajando y cuidando a su propia familia incluyendo a mi primer nieto. Vimos muchas cosas a lo largo del camino. La experiencia fue sencillamente fascinante. En Los Ángeles, montamos bicicleta junto a los cascarones de edificios que habían quedado como resultado de las protestas por el juicio de Rodney King en la primavera anterior. Nos asamos en el desierto de Nevada y vimos nieve en las cimas de las montañas en Utah. Subimos las montañas Rocosas en un día y corrimos en medio de los relámpagos por las planicies

de Nebraska, donde nombraron a Rick como coronel hono-
rario en la Guardia Nacional. El cuatro de julio estábamos en
Peru, Illinois y aparecimos en vivo en *Wide World of Sports*.
En Washington D.C., junto a la escalera del Lincoln Memorial
y sin una rampa Russ levantó a Rick en sus brazos y lo subió
todos esos escalones para que pudiera ver la estatua del Presidente Lincoln personalmente. Fue estupendo y uno de los
momentos de más orgullo que he tenido viendo a mis hijos,
los dos eran unos jóvenes maravillosos. 43 días y 3.735 millas
después regresamos a casa en la hermosa ciudad de Boston.

La aventura fue emocionante pero sin duda hubo algunos
momentos atemorizantes en el camino. Los radios que usábamos para comunicarnos no siempre eran los más confiables, y
en más de una ocasión que no podíamos ver el tráiler, yo hice
un giro equivocado en la bicicleta y nos perdimos en sitios
desconocidos. No teníamos un GPS que nos dijera a dónde ir.
Teníamos que confiar en mapas viejos y en nuestra intuición.
Un día que no estaba prestando atención a lo que me decía
mi cuerpo me desmayé por el calor y cuando me desperté
vi a Rick y la bicicleta caídos a mi lado. Sorprendentemente,
este fue uno de muchos posibles desastres donde por fortuna
salimos a salvo. Yo no había anticipado cuán frías serían las
mañanas en el desierto, y Rick apenas podía comer porque
su cuerpo se ponía muy rígido debido al frío. La altitud hacía
que fuera difícil respirar y nos veíamos obligados a tomar más
descansos de lo que queríamos. La abundante lluvia cerca de
Maryland hizo que las llantas de la bicicleta patinaran en el
agua haciendo caer estrepitosamente a todos los que iban en
la bicicleta. Rick cayó sobre el pavimento y su casco se quebró
en dos pedazos. Increíblemente los dos salimos bien, sólo un
poco magullados y sacudidos por un rato. A pesar de unos pocos desajustes, mantuvimos un buen ritmo. Pero sí que valió
la pena cuando finalmente entramos a Boston un poco antes
de lo programado el 23 de julio.

Habíamos terminado la travesía sin tomar un día libre, algo que otros atletas y ciclistas con los que hablamos dijeron que era imposible. Todos nos dijeron que tomáramos uno o dos días de descanso cada semana durante la travesía para dejar descansar nuestros cuerpos. Decían que estaríamos desgastados en veinte días y no podríamos terminar. Yo sentí que podíamos hacer toda la travesía en cuarenta y cinco días sin tomar un día de descanso, porque nos fortaleceríamos a medida que corriéramos y montáramos bicicleta diariamente. Eso fue exactamente lo que sucedió durante cuarenta y cinco días seguidos.

Al acercarnos a Boston nos esperaba una recepción que superó cualquier otra que hubiéramos experimentado. Hizo que todas las frías mañanas, las dolorosas ampollas y las coyunturas adoloridas que necesitaban ser masajeadas en la noche valieran la pena. Los admiradores llegaron en masa y ABC-TV filmó nuestra llegada al puerto. Una gran pancarta nos daba la bienvenida a nuestra amada ciudad. Raymond Flynn, el alcalde de Boston y William Weld, el gobernador de Massachusetts estaban ahí listos para dar sus discursos. Se anunció que ese día se llamaría el día Dick y Rick Hoyt. A Rick le dieron la bandera del Estado de Massachusetts. En medio de los gritos de aliento Rick y yo llegamos a nuestro destino final, el puerto. Como parte de mi idea de difundir conciencia sobre discapacidades y mostrando que todo es posible, uní dos océanos al vaciar en el Mar Atlántico una botella de champaña que había llenado al comenzar nuestra travesía en el Mar Pacífico. Al siguiente día los Medias Rojas de Boston iban a jugar un partido presentado en la televisión nacional y nos invitaron a Rick y a mí a hablar por unos minutos antes de que comenzara el partido. Corrimos desde el muelle de Marriot Long Wharf a lo largo de Boston hasta el Fenway Park y corrimos por las bases antes de dar nuestro corto discurso de cuatro minutos. Aunque no estábamos cerca de llegar a nuestra meta de un millón de dólares para el Fondo Hoyt, sabíamos que habíamos hecho algo bueno. Le habíamos mostrado a la nación, al mundo y a cualquier persona que estuviera viendo o escuchara nuestra historia, que las discapacidades no tienen que ser limitantes.

De vuelta en casa, Rick, que había sido un buen atleta durante nuestra travesía y un compañero silencioso y determinado, finalmente reaccionó a nuestra travesía. Tuvo tiempo para reflexionar y comentar acerca del viaje y escribió esto en su CIT: "Estoy maravillado por la belleza de los Estados Unidos y estoy maravillado por la belleza de la gente que encontramos mientras cruzamos el país. Ahora entiendo de qué se trata la canción "America the Beautiful" (América la Hermosa). Tengo mucho respeto por las personas que cruzaron por primera vez este país para comenzar una nueva vida." Yo no habría podido decirlo mejor. El evento significativo que fue cruzar el país es un viaje que nunca olvidaré.

A mediados de la década de los noventa, habíamos estado compitiendo en carreras por casi veinte años. Rick y yo habíamos visto y hecho más cosas juntos que lo que cualquier otro padre e hijo pudieran esperar. Habíamos atravesado el desierto, nadado en el océano y estrechado manos con presidentes. Nos habíamos transformado de un cuadripléjico espástico y su padre que estaba fuera de forma a ser atletas, luego maratonistas, triatletas y Hombres de Hierro. Nuestros roperos y cajones estaban llenos de camisetas de eventos. Habíamos sido honrados con premios, medallas y llaves de ciudades. Habíamos corrido a través de los Estados Unidos y habíamos hecho una vuelta de victoria alrededor de las bases del Fenway Park después de esto. Habíamos creado un vínculo entre nosotros que me daba una razón para seguir corriendo. Juntos, mi hijo y yo habíamos logrado más de lo que creo que alguien habría esperado.

El 11 de octubre de 2008 fuimos incluidos en el Salón de la Fama de Hombres de Hierro durante el Campeonato Mundial Ford Hombres de Hierro 2008 en Kona. Rick incluso subió al escenario e hizo un discurso conmovedor que había preparado con la ayuda de su computadora. Habló sobre los grandes logros que había alcanzado durante los años, terminó el discurso con una pregunta que dejó a todos en la audiencia riéndose y llorando: "Entonces, ¿qué tipo de vegetal soy yo?" Honestamente no hay nada mejor que eso.

Justo cuando Rick estaba terminando su discurso una tormenta hawaiana salió de la nada. Para cuando habían terminado de dar el último premio estaba lloviendo a cántaros y se estaban formando grandes pozos en el suelo. Alguien nos dio unas bolsas de basura para cubrir a Rick y su CIT. Nos mojamos completamente y tuvimos que correr de regreso al hotel tratando de evadir los pozos de agua en la vía. Pero nos acababan de introducir en el Salón de la Fama de Hombres de Hierro, así que íbamos sonriendo y riéndonos mientras corríamos, y estrechábamos la mano de quienes nos querían felicitar por el camino.

En el 2009 mi "vegetal" y yo completaríamos nuestra carrera número mil, la Maratón de Boston. Habíamos hecho planes para eso porque no hallábamos el momento en que Boston fuera nuestra número mil.

Pero en 1993, con cientos de carreras de experiencia, había algo que Rick tenía que terminar por sí mismo, un logro alcanzado completamente solo, tal vez el mayor logro en su vida. Mi hijo mayor, el niño que los doctores habían marcado como un vegetal, estaba a punto de graduarse de la universidad.

QUERIDOS DICK Y RICK:

En junio del 2006 varios de mis buenos amigos tuvieron un terrible accidente automovilístico. Muchos murieron y otros resultaron con heridas graves. Un niño de 7 años quedó paralizado de la cintura hacia abajo y le amputaron una pierna por debajo de la rodilla. Un día de julio luego de visitar al niño en rehabilitación caí en la cuenta de que él nunca volvería a caminar. Ahí estaba yo sentado, tomando cerveza, desperdiciando mi vida. Algo tenía que cambiar.

En un momento similar a Forrest Gump, me puse mi par de tenis y decidí que correría por los dos, el niño y yo. Él no podía correr entonces yo lo haría. Una milla se convirtió en dos y dos se convirtieron en tres. El pequeño niño en mi corazón me hacía seguir corriendo incluso en los días más fríos cuando tenía un millón de excusas para no hacerlo.

A medida que pasaban las semanas seguí aumentando distancias, con un promedio de seis millas diarias en septiembre. Un colega mío, que también es atleta, oyó de mi compromiso y sugirió que corriera la media maratón de Toronto con él. Con algo de temor acepté y continué entrenando.

Durante la semana siguiente y en el momento perfecto, recibí de un amigo cercano un correo electrónico con un video sobre un equipo de padre e hijo que habían logrado lo increíble. Cuando los vi pasar la meta, Rick con la sonrisa más grande en su rostro, supe que correr la media maratón era sólo el comienzo para mí. Comencé a entrenar más duro. Su historia me dio una mayor motivación y la confianza en mí mismo para completar la carrera. Sabía que si un padre podía llevar a su hijo en tantas maratones y triatlones, yo podía correr insignificantes 13.1 millas.

Cerca de la carrera me encontré con un esguince del sóleo y comencé fisioterapia mientras seguía entrenando para la media maratón. Al comienzo fue doloroso pero constantemente pensaba en ustedes dos y lo difícil que a veces debe ser para ti, Dick, cuando estás llegando a la milla 26 en las maratones, empujando un cuerpo más. Pero lo haces porque amas a Rick y quieres que él sea feliz. Yo sabía que tenía que seguir por mi amiguito.

Terminé la media maratón el 15 de octubre de 2006 en menos de dos horas. En verdad fue una experiencia única en la vida entre cuatro mil atletas. Pero sabía que podía hacer más.

El domingo 20 de mayo de 2007 corrí por ustedes. Con su inspiración completé más de lo que había soñado y corrí mi primera maratón. Con gran apoyo de mi familia y amigos reuní $1.000 para la Fundación Hoyt y batí mi record personal en maratón por más de 22 minutos, completándola en 3:38.58. Nada mal para un hombre que comenzó a correr en julio de 2006 a los 41 años. Corrí por el equipo Hoyt, corrí por la fundación y corrí por mi amiguito que no volvería a caminar.

Mercy Me, la misma canción que se presenta en su video de YouTube fue mi canción durante la carrera. Ese fue un recordatorio sencillo mientras corría, del apoyo que ustedes se dan el uno al otro. Correr en mi maratón fue una experiencia emocionante. No tuvo nada que ver conmigo físicamente pero llevé la emoción que tenía por ustedes dos y por el niño de nueve años que estaba paralizado. Estoy seguro de que la gente pensaba que yo estaba loco. Mientras escuchaba a *Mercy Me* en mi iPod, las lágrimas corrían por mi rostro y las imágenes tuyas, de Rick y de mi amiguito llenaban mi mente. Nadie tenía idea de mi historia. Adelanté a otros atletas con la palabra PUEDO escrita en una tarjeta y pegada en la parte de atrás de mi camisa, y olvidando a todos los demás que corrieron ese día. Han pasado dos años desde mi primera maratón y no he corrido tan rápido como lo hice en esa carrera.

Después de completar la maratón, bajé una copia de su video en YouTube y la tengo en mi BlackBerry para motivarme cada día. Le muestro el video a cada persona que encuentro que necesita inspiración. Lo saco cuando hablo sobre mis triatlones y carreras o incluso en una reunión de negocios si la situación es apropiada. Les digo que si quieren encontrar inspiración busquen al equipo Hoyt.

El equipo Hoyt me ha inspirado no sólo en mis carreras sino también en mi vida familiar. Tengo la suerte de tener hijos saludables, corriendo y jugando fútbol, y tú, Dick, dedicas la mayor parte de tu vida para que Rick pueda experimentar cosas que de otra forma no podría. Muchos padres en esa situación tienen temor de lo que le pueda pasar a sus hijos si no tienen cuidado y los protegen de la realidad. Gracias a ti Rick ha tenido una vida llena de amor y emoción. Aunque mi situación no es tan retadora como la tuya, ahora busco ser un mejor padre para mis hijos.

El equipo Hoyt continúa inspirándome y he hecho varias triatlones de distancia olímpica durante los últimos dos años y acabo de inscribirme para mi primer Hombres de Hierro el próximo año. Ustedes me han hecho forzarme a mí mismo en direcciones que nunca me imaginé hace diez años.

Gracias,

David Chippi

Avon Lake, Ohio

Capítulo 15

La independencia de Rick

El 16 de mayo de 1993, nos encontramos en Nickerson Field que estaba lleno. El resto de la familia también estaba allí: los hermanos de Rick, varios de mis hermanos, Judy y más de cinco mil estudiantes. Era un hermoso día de primavera y el aire estaba lleno de expectativa. Los periodistas abundaban y las cámaras destellaban. La ruidosa multitud finalmente se silenció mientras que un hombre se dirigía por un pequeño escenario hacia un podio para dar la bienvenida. No era el comienzo de otra carrera sino el final de una. Había durado nueve años, un reto que Rick había enfrentado y superado por sí mismo. Era la ceremonia de graduación número 120 en la Universidad de Boston y mi hijo mayor se estaba graduando con un título en Educación Especial.

Ese día en 1993, a la edad de 31 años, Rick se convirtió en el primer cuadripléjico no hablante en graduarse de la Escuela de Educación de la Universidad de Boston. Se convirtió en uno de los primeros cuadripléjicos no hablantes en graduarse de cualquier universidad. Y se graduó con un promedio alto.

Había alcanzado este sorprendente logro por sí mismo, sin ninguna preferencia ni tratamiento especial. No podría haber estado más orgulloso ese día. Fue uno de los mejores días de mi vida.

Muchos periódicos cubrieron la historia incluyendo el *Boston Herald* y el *Boston Globe*. Incluso *Hard Copy*, el programa de televisión, estuvo presente para el evento. Nos conmovieron artículos con titulares como: "Graduándose al éxito", "Tenacidad, su forma de vida", y "¡Triunfo! estudiante especial de la Universidad de Boston hace esta maratón solo, y gana". Era el día de Rick y él lo resumió de la mejor manera cuando le dijo a un reportero: "No puedo comparar las maratones a mi graduación. Sencillamente me siento genial. Completamente genial. Eufórico". Su euforia era contagiosa. La graduación y el título se tardaron en llegar. Al estilo Hoyt, no había sido un camino fácil.

Aunque podría haber parecido que las carreras se habían tomado nuestras vidas, teníamos muchas otras cosas sucediendo y estábamos alcanzando grandes logros en todas partes, por fuera del mundo de las carreras. A comienzos de los noventa tanto Rob como Russ se habían casado y comenzado sus familias y carreras profesionales. Judy había terminado su maestría y yo seguía trabajando en la Guardia Nacional. No siempre era fácil balancear una vida tan ocupada. Como nos daríamos cuenta finalmente, esa vida ocupada no estaba hecha para nadie. Mi relación con Judy estaba sufriendo por el peso de las carreras de Rick y yo todos los fines de semana y el uso de todo nuestro tiempo libre entrenando para las carreras.

Tras las maratones, triatlones y viajes a lo largo del país, con Rick entrando a su edad adulta, era claro que las carreras eran importantes para mi familia, pero también tenían que encajarse dentro de nuestros llenos horarios. Una gran parte de ese ocupado horario incluía el que Rick estuviera estudiando en la universidad y viviendo independiente, un esfuerzo que muy pocos habrían predicho. Siempre esperaba lo mejor para Rick, sin importar lo que los expertos nos decían. A medida que pasaban los años, me alegraba demostrarles que estaban equivocados. Era un gozo ver a mi hijo adulto y participando de la vida como cualquier otro joven.

En 1984, casi una década después de ser aceptado en la escuela pública, Rick se graduó de la Escuela Secundaria de Westfield. Había sido un gran año para él. Fue el primer año de competencia como participantes oficiales de la Maratón de Boston. Rick tenía una cita para la fiesta de grado. Habíamos estrechado la mano de dignatarios políticos y súper estrellas de deportes. Pero no hubo un evento tan trascendental como su graduación de secundaria. Rick había trabajado tan duro para terminar sus estudios. Después del esfuerzo que tomó el lograr que entrara al sistema de escuelas públicas, no podíamos estar más felices con el resultado. Todos aclamaban a Rick ese día. Cuando dijeron su nombre, recibió una ovación de pie. Fue un momento emocional. Judy, yo y el resto de sus amigos y familia estábamos extremadamente complacidos de ver a Rick siendo dirigido a través del escenario mientras sonaba la marcha de graduación y recibir su diploma, presentado por el alcalde Westfield.

Yo habría estado orgulloso si hubiera decidido dejar sus estudios hasta ahí, pero Rick no es de los que se contentan con ser del promedio. Iba rumbo a la universidad, y no había nada que lo detuviera. Al igual que cualquier otro estudiante graduado de la secundaria, tenía pensamientos y deseos propios. Incluso habíamos tenido pequeños altercados por su elección de universidad. Aunque originalmente habría preferido tenerlo cerca de casa en la Universidad de Westfield State, sabía que Rick estaba listo para mayor independencia y libertad. Así que no me sorprendió que hubiera puesto su mira en la Universidad de Boston, Judy trató de convencerlo que estudiara en la Universidad de Massachusetts en Amherst, donde ella recibió su título en Educación Especial, pero Rick estaba resuelto en mudarse a la ciudad y estudiar en la universidad privada a orillas del Río Charles. La Universidad de Boston era una gran universidad, se ubicaba constantemente entre las primera de la nación por su excelencia en los programas de Terapia Ocupacional e Ingeniería Biométrica, áreas de estudio, que por supuesto fueron importantes para Rick cuando estaba creciendo. Al igual que su mamá, él tenía su corazón puesto en Educación Especial y esperaba estar en el otro lado del espectro para buscar formas en las cuales ayudar a personas en situaciones similares a las suyas.

Luego de que Judy y yo cedimos, sólo había una cosa interponiéndose en el camino de mi hijo, el Departamento de Bienestar había negado los fondos para sus asistentes de cuidado personal (ACP). La forma como lo veía el Boston Center for Independent Living (Centro de Boston para la Vida Independiente) (BCIL, por su sigla en inglés) era que debido a que Rick no podía hablar, no podría decirle a un ACP lo que pudiera necesitar. Judy y yo sabíamos que no era así. Por años nos había estado diciendo qué hacer. Así que Rick y su mamá fueron directamente al Departamento de Bienestar donde presentaron su caso y permanecieron hasta que ganaron la audiencia. No estábamos dispuestos a que nuevamente le negaran a nuestro hijo la oportunidad de una educación. Al final, la Comisión de Rehabilitación del estado le asignó a Rick los mismos fondos para asistir a la universidad privada que le habrían ofrecido si hubiera elegido una universidad estatal. Por suerte, esta batalla, fue mucho más fácil de ganar que la de lograr que Rick estudiara en la escuela pública. Todo lo que hubo que hacer fue lograr que Rick hablara por sí mismo. Él les mostró su CIT y, en caso de que eso no era suficiente, les explicó el sistema de comunicación de su hermano Russ. Habíamos ingresado, o más bien, Rick había ingresado a la Universidad de Boston.

Con inminentes recortes presupuestarios a nivel estatal que amenazaban con acabar con el beneficio de los ACP por completo, Judy pasó más tiempo con los legisladores y llevó el caso de Rick a las personas responsables de la ejecución del proyecto de ley sobre personas con discapacidades y les mostró el tipo de atención que ellos podían recibir. Ella explicó que le costaría al estado mucho menos dinero si le facturaban a Medicaid por los ACP, que en ese momento recibían $8 la hora, comparado con lo que costaría sustentar a Rick en una institución. Asegurar fondos de atención en salud nunca es fácil, pero hemos tenido la fortuna de que Rick ha tenido tan buen cuidado a través de años lo cual es crítico, no sólo para su independencia, sino también para su supervivencia diaria.

Afortunadamente para Rick, le concedieron los medios para asistir a la universidad de su elección. En el otoño de 1984, Judy, los hermanos de Rick y yo empacamos sus cosas y lo llevamos a Boston. Se convirtió oficialmente en un universitario. El viaje de regreso a Westfield después de dejar a Rick en la universidad fue agridulce. Trajo a la mente el largo viaje de regreso a casa cuando el especialista nos dijo exactamente lo que pasaba con Rick. Sólo que esta vez, estábamos llenos de esperanza y expectativas. Cualquier buen padre se siente triste cuando se da cuenta que su hijo ya no lo necesita. Sentimos eso multiplicado por veinte. Al mismo tiempo, era más de lo que jamás hubiera esperado de mi hijo.

Con la ayuda de los cuidadores, Rick vivió por su cuenta, quedándose en los dormitorios como cualquier otro estudiante universitario. Por supuesto, él necesitaba la asistencia de sus ACP casi todo el día, en su mayoría eran otros estudiantes, pero estaba lejos de casa, experimentando la vida adulta, sin sus preocupados padres mirando por encima de su hombro a cada minuto. Si extrañaba su casa, de seguro no nos lo hizo saber. A Rick le encantaba la universidad, y todos allá parecían quererlo. Cada vez que lo visitaba o nos reuníamos para alguna carrera, era claro que Rick era un gran hombre en el campus. Sus nuevos amigos a menudo iban a animarnos cuando competíamos. Algunos incluso fueron inspirados a practicar el deporte.

Durante su primer año en el dormitorio, Rick vivió en el mismo piso del equipo de hockey de la Universidad de Boston. Le encantaba eso a pesar de que algunas veces podían ser escandalosos - probablemente por eso le gustaba, porque había alboroto. Me dijo cómo el equipo de hockey "tomó prestada" una estatua de hielo y la escondió en el baño comunal de la residencia. Estaban en pleno invierno, así que para evitar que se derritiera, dejaron todas las ventanas abiertas, sólo para ver cuánto tiempo la estatua mantenía su forma. Rick realmente disfrutó eso. Las heladas temperaturas no le molestaron porque estaba acostumbrado a soportar las inclemencias del tiempo durante todas esas frías mañanas cuando competíamos.

En otra ocasión, Rick se quedó varado en el baño, sólo que esta vez fue en el baño de las mujeres. Su dormitorio era mixto, pero los hombres y las mujeres se quedaban en diferentes pisos. Algunos de los otros muchachos le hicieron una broma a Rick en medio de la noche, lo sacaron del saco de dormir en el que siempre dormía, y lo llevaron a escondidas hasta el noveno piso y lo dejaron en el baño de damas con sólo su ropa interior de invierno. Si no supiera lo contrario, diría que Rick logró meterse allá por sí mismo. Cuando quiere algo, es bastante determinado.

Rick se llevaba muy bien con sus cuidadores, algunos eran todo un personaje. En su mayor parte, eran maravillosos. Recientemente recibimos una carta de una mujer, que ahora es una abogada en Nueva York, y fue una de los ACP de Rick en Boston. Ella bromeó diciendo que cuando ella no tenía edad para beber, Rick la ayudó a entrar a los bares ya que ella era la persona encargada de su cuidado y tenían que dejarla entrar para acompañarlo. Ahora ella es abogada para personas con discapacidades. Su experiencia con Rick la animó a ser, no una abogada corporativa, sino una que representara a quienes más lo necesitan.

Pero cuando Rick estaba en la universidad, habría sido mejor algunas veces no escuchar las historias que oía después de que sucedían. Reconozco que ya era mucho pedirle a alguien que cuidara a mi hijo, y especialmente era una tarea grande para adultos jóvenes, pero el cuidado no siempre fue sin problemas. Por ejemplo, una noche cuando Rick se estaba quedando en los dormitorios, uno de sus ACP no se presentó. Así que Rick se quedó ahí toda la noche sin medicinas, sin cena, y sin ir al baño. Nadie se dio cuenta hasta la mañana siguiente, cuando su compañero de habitación llegó luego de una larga noche afuera. Rick no podía hacer nada en esa situación porque no podía hablar o tomar el teléfono. No tenía salida.

Asegurarse de que alguien estuviera allí para él en todo momento fue siempre una de nuestras mayores preocupaciones. La mayoría de sus ACP era otros estudiantes de la universidad, haciendo lo que hacen los estudiantes universitarios. Salían a beber, pasaban un buen rato, y se olvidaban. Era muy angustioso, sin un familiar que estuviera cerca para ir a ver cómo estaba. Yo siempre le decía a sus ACP, que si no iban a ir, por lo menos llamaran a otro ACP para asegurarse de que alguien cubriera el turno. Si no podían encontrar a alguien, debían llamarme. Solía recibir una gran cantidad de esas llamadas, hice unos cuantos viajes a la ciudad. No me importaba. Aceptaba cualquier excusa para ir a visitar a mi hijo.

Por lo general, las visitas no eran para nada grave. Rick siempre decía en ese tono universitario de, ya estoy muy viejo para esto: "Estoy bien, papá, ¿qué haces acá?" Luego terminábamos saliendo a cenar, o simplemente teníamos una buena conversación para ponernos al día. Nos daba la oportunidad de planear las próximas carreras y hablar de cómo íbamos a encajarlas en el horario de estudios de Rick. Debido a la distancia, esto significaba que no podíamos entrenar juntos todos los días. Yo hacía ejercicio en el gimnasio, corría, nadaba y montaba bicicleta solo.

Siendo honesto, esas visitas a Boston eran más por mi bien
que por el de mi hijo.

Pero una situación atemorizante, me dejó preguntán-
dome si la universidad era una buena idea después de todo.
Probablemente ya te habrás dado cuenta que Rick es la vida
de cualquiera fiesta. Es divertido estar con él, es un bromista
permanente. Si su ACP quería ir a los bares por la noche, a
menudo Rick iba con ellos. Una noche, él estaba afuera de un
bar con un de sus ACP pasando el rato cuando alguien trató
de asaltarlos. Golpearon un poco al ACP, y Rick terminó en el
suelo. Creo que los chicos que lo hicieron probablemente estaban ebrios, reconocieron a Rick por la Maratón de Boston, y
quisieron darle problemas por cualquier razón. Yo no supe lo
que sucedió hasta el día siguiente, cuando recibí una llamada
de nuestro buen amigo, Eddie Burke, quien vivía en Waltham
y también era nuestra mano derecha en caso de emergencia.
Eddie había llevado a Rick a casa esa noche. Rick estaba un
poco conmocionado, pero estaba bien físicamente. Afortunadamente, creo que esa es la única vez que Rick pensó que iba a
salir lastimado. Para él lo que obtenía a cambio: poder asistir a
la universidad y pasar el rato con otros universitarios, valía la
pena cualquier peligro.

Rick estaba ocupado disfrutando de la vida universitaria, y
no pasó mucho tiempo antes que fuera público que él estudia-
ba en la Universidad de Boston. En un programa de televisión
que se transmitió en *CBS Evening News* (*Noticias de la Noche*),
Meredith Vieira nos entrevistó porque tenía que verlo para
creerlo. Vino a la casa cuando Rick estaba allá en un tiempo
de descanso, vio cómo le dábamos de comer y lo cuidábamos,
y luego fue con él hasta Boston. Incluso pasó tiempo con Rick
y sus amigos en los bares.

Vieira reportó la historia desde el punto de vista de Rick,
demostrando el esfuerzo que él debía hacer para ir a clase cada
día y obtener un título universitario. Por ejemplo, estudiar le

tomaba seis veces la cantidad de tiempo más que les tomaba a otros estudiantes. Eso significaba que sólo podía tomar dos cursos cada semestre, pero eso no lo detuvo. Estaba decidido a obtener un título, sin ningún tipo de favores especiales. Ella le preguntó a Rick, "¿Por qué es tan importante vivir independientemente?" Rick escribió esta respuesta en su computadora: "Si no puedo vivir independientemente, entonces quiero morir". Eso nos tomó a todos por sorpresa. Pero creo que muestra cuán importante es la independencia para él, así como lo duro que está dispuesto a trabajar para mantenerla. Creo que cuando Vieira salió quedó sorprendida de todo lo que Rick había logrado y verlo vivir su sueño y estudiando en la universidad. Unos años más tarde, nos envió una buena donación. Ella tenía un familiar que enfrentaba una discapacidad similar, así que nuestra historia tenía un impacto personal. Ella estaba asombrada por el trabajo que él estaba haciendo, tanto en la Universidad de Boston como en el resto de su vida.

Entre los estudios y el atletismo, Rick estaba viviendo la vida. Le encantaba escuchar música (entre sus favoritos: AC/DC y Queen), ir a eventos deportivos universitarios y salir con los amigos a los lugares de moda. Incluso se inscribió en el equipo de natación. Pero al igual que muchos estudiantes, las tentaciones de la vida universitaria por poco comprometen todo por lo que estaba persiguiendo. Rick no era inmune a los efectos de la presión de grupo o al deseo de simplemente probar todos los desafíos que enfrentaba a diario. Él admitió en entrevistas que no tomó sus primeros años en la Universidad de Boston tan seriamente como tal vez debió haberlo hecho. Tenía mucho en lo cuál divertirse por sí solo. ¿Quién podría culparlo?

Sin embargo llega un momento en la vida de cada joven cuando tiene que ser honesto consigo mismo. Para Rick, la pura verdad llegó de una forma completamente inesperada. Él

vino de visita a casa y me dijo: "Papá, creo que soy alcohólico".
Las presiones de la escuela lo habían alcanzado, y frecuente-
mente estaba en bares, bebiendo más de lo debido. ¿Su bebida
preferida? Ron con Coca-Cola y sus amigos y los ACP le daban
gusto. Es difícil decirle que no. Era la misma situación que
afecta a la mayoría de los chicos cuando van a la universidad.
Mamá y papá no están, pueden hacer lo que quieren, así que
en vez de estudiar, van a los bares para festejar y beber. Por
supuesto, la madre de Rick y yo nos enfadamos cuando nos lo
dijo pero Rick nos aseguró que iba a disminuir su consumo de
alcohol y sus salidas a fiestas y se concentraría en su trabajo
escolar, lo cual hizo. Afortunadamente, en nuestro caso, nuestro hijo se hizo cargo de la situación por sí mismo, y después
de eso todo estuvo bien.

Más o menos a mitad de camino en su experiencia universitaria, Rick se dedicó a trabajar en serio y se mudó a una
residencia tranquila donde podría concentrarse en sus estudios. Fueron nueve años de arduo trabajo por su parte, Rick
solía bromear con funcionarios de la universidad diciendo
que cuando finalmente se graduara y ya no recibieran su ma-
trícula, todos estarían en problemas. Para mí, parecía como
si hubiera chasqueado los dedos y de repente teníamos otro
egresado universitario en la familia.

Antes de la ceremonia de graduación la Universidad de
Boston, Rick recibió honores por parte del presidente de la
universidad, John Silber, quien habló de cómo Rick había inspirado a otros, cómo había desafiado a todo tipo de estudiantes a reevaluar sus propias habilidades y esforzarse más para
hacer lo mejor. Habló específicamente sobre el trabajo que
Rick había invertido en su educación, que lo había hecho sólo
porque quería mostrar lo que podía hacer sin ayuda especial.
Por último, le dijo a la audiencia que pronto tendrían el placer
de decir que se habían graduado con Rick Hoyt. Rick incluso
tuvo la oportunidad de dirigirse a sus compañeros de clase

y agradecer a la universidad, cuando su ACP y más cercano amigo en los últimos cuatro años en la universidad, Neil Danilowicz, llevó a Rick en su silla de ruedas por el escenario y se dirigió al micrófono para leer unas pocas palabras que Rick había escrito antes.

La graduación fue un merecido éxito obtenido por un hombre de quién la mayoría de médicos había dicho que nunca viviría para ver este día, y mucho menos para tomar parte de este en una manera integral. Este era el momento para que Rick brillara. Fue su logro, y para mí como su padre, uno de los momentos de mayor orgullo. Mi hijo tenía planes y tenía un futuro, que era todo lo que hubiera podido desear para él. Como Rick inteligentemente le decía a todo quién escuchara, él planeaba pasar el resto de su tiempo "buscando un trabajo, un apartamento, y una esposa."

Después que Rick se graduó de la universidad, continuó viviendo por su cuenta y comenzó un trabajo en el Boston College. Era consultor con ingenieros en un programa llamado Ojos del Águila, en el que estaba ayudándoles a desarrollar un nuevo dispositivo de comunicación aumentativa para personas con discapacidades. Era algo fantástico. Básicamente, estaban tratando de hacer algo que siguiera el movimiento del ojo, de tal modo que una persona podía usar sus ojos como un ratón de computadora para comunicarse. Estaba ayudando a otros, igual como siempre lo había hecho desde que era niño. Yo estaba muy orgulloso. Rick era un hombre trabajador, que vivía independientemente.

Sin embargo, para alguien como Rick, cada día puede estar lleno de una nueva serie de peligros. Incluso los mejores ACP llegaron a saberlo. Uno de los ACP favoritos de Rick, Heather Omans, aceptó el trabajo como la persona encargada de su cuidado después de que él se graduó de la universidad. Un día ella lo estaba subiendo a la camioneta para llevarlo al trabajo y ya lo tenía casi en la parte superior del ascensor cuando, sin que ella se diera cuenta, los frenos de su silla de ruedas se desbloquearon. En vez de rodar hacia adelante y dentro de la camioneta, rodó hacia fuera y cayó desde tres pies de altura al suelo. Cayó de frente y se fracturó la nariz. Afortunadamente, eso fue lo único que pasó, pero seguro que asustó a la pobre Heather.

Más tarde, Heather me dijo que cuando ella lo vio tirado en el suelo, con el rostro ensangrentado, le aterró pensar que tendría que explicarme cómo había matado a mi hijo. En el hospital, le dijo a Rick que tenía miedo de que hubiera sufrido daño cerebral a causa de la caída. Rick, por suerte, estaba bien, sólo un poco lastimado. Conectado a su CIT, se había recuperado lo suficiente como para escribir, "Está bien. Ya tengo daño cerebral". Todavía me causa risa cuando pienso en su actitud en cuanto a todo el asunto. Él le tomó del pelo a Heather de vez en cuando incluso bromeando que si ella alguna vez buscaba una segunda profesión, podría considerar trabajar en una funeraria. Ninguno de nosotros culpamos a Heather. ¿Cómo podríamos hacerlo? Yo tuve mi propia serie de accidentes con Rick. Es un hombre muy fuerte, y unos cuantos rasguños y moretones no iban a apagar su espíritu.

Pero en otra ocasión Rick se salvó por un pelo. Es un milagro que hubiera salido bien. Desde la universidad, Rick había vivido de forma independiente, con la ayuda de sus cuidadores, pero no tenía un ACP con él por la noche. Él duerme solo en su apartamento. Para evitar las úlceras por presión que se producen por acostarse en la misma posición sin poder moverse, él solía dormir en una cama de agua. Una noche, poco después del incidente de la fractura de nariz, la cama tuvo una fuga, y él estaba ahí, acostado boca abajo. Nadie estaba allí para revisarlo en medio de la noche. Rick nos dijo más tarde que cuando se dio cuenta de lo que estaba pasando, y que probablemente podría ahogarse en su propia cama, le oro a Dios para que lo salvara. Poco después, alguien llamó a la puerta y nimiento en la noche, y por alguna razón, decidió utilizar su llave maestra para entrar. Era muy poco común que hubiera hecho eso, pero cuando pasó frente al apartamento de Rick, había sentido una abrumadora sensación de que algo andaba mal. Llegó justo a tiempo para sacar a Rick de la cama empapada y ponerlo a salvo.

La creencia de Rick en Dios se fortaleció esa noche. Se acercó a Heather, quién es mormona, para aprender más sobre su religión. Ella le presentó a dos misioneros mormones, que hablaron con él acerca de su fe. Uno tenía un hermano con una discapacidad, por lo que crearon un vínculo emocional. Rick nos dijo que la doctrina de que en última instancia lo llevó a la iglesia fue la idea de que cuando resucitemos, nuestros cuerpos serán perfectos. Eso lo atrajo. En 1997, Rick fue bautizado en la fe mormona.

Sólo unos años antes, toda la familia estaba allí para observar el gran logro de Rick al graduarse de la universidad e iniciar su vida como adulto independiente. Sin embargo, no íbamos a seguir siendo la misma unidad familiar mucho tiempo. Un mes antes de la graduación de Rick, justo antes de la maratón de Boston, Judy le había anunciado a nuestra familia en una carta que ya no quería seguir casada conmigo. Sin duda fue un golpe duro, considerando todo lo que habíamos enfrentado con Rick, y luego verlo convertido en un éxito, un egresado de la universidad, pero a veces, la vida es así. Después de la graduación de Rick, Judy y yo tomamos caminos separados. Por primera vez, empecé a considerar seriamente cómo quería pasar el resto de mi vida. Rick era un profesional, viviendo y trabajando por su cuenta. Era el momento de hacer algunos cambios propios.

EQUIPO HOYT:

Mi hijo Kevin tiene tres carteles colgados en su dormitorio: uno de Muhammad Ali, otro de Dick Butkus, y el tercero
es del equipo Hoyt. Kevin tiene quince años, es un fanático de
los deportes sólo que da la casualidad de que tiene parálisis
cerebral. Al igual que Rick, debido a complicaciones en el proceso de parto, el oxígeno y el flujo sanguíneo se cortaron entre
Kevin y su madre, lo cual hizo que naciera sin pulso y sin respiración. Kevin ha avanzado mucho desde entonces y gracias
a la inspiración tuya y de Rick, ha sobrepasado los límites que
muchas personas pensaron que nunca cruzaría.

Hace unos cinco años, mi familia y yo conseguimos tu libro, *It's Only a Mountain*. A Kevin le han encantado los deportes desde que era muy pequeño. Siempre salíamos a correr
en su corredor, y lo habíamos involucrado en una variedad de
deportes en silla de ruedas, pero nada como las actividades de
tu libro. Cada noche leíamos un poco y nos emocionamos más
y más por las asombrosas cosas que tú y Rick estaban logrando. Su historia inspiró a nuestra familia no sólo en el sentido
deportivo, sino también hubo unos capítulos que nos parecie-
ron como si ya los hubiéramos leído porque se relacionan muy
de cerca. Hay una conexión intrínseca con ustedes porque su
familia y la nuestra han atravesado una gran cantidad de los
mismos puentes, aunque ustedes muchos más que nosotros
porque han abierto camino para aquellos de nosotros que estamos enfrentando problemas similares que ustedes han enfrentado desde el principio.

Cuando terminamos el último capítulo, recuerdo que miré
a Kevin y le dije que algún día los conoceríamos a ti y a Rick.
Unos tres meses después, el grupo de terapia física de Kevin
estaba haciendo una recaudación de fondos y pensé que era el
momento perfecto. Cuando les sugerí buscarlos a ustedes, no
esperaba obtener una respuesta positiva. Luego de que Kevin
y yo los recogimos en el aeropuerto, supimos que había una

conexión y que sin duda estaríamos viéndolos más a ustedes.
Sólo al hablar ustedes, nos llevamos tan bien, que se sentía
como si nos conociéramos. Es notable que cuando se comparten las mismas luchas y experiencias con alguien, puede haber
una conexión instantánea.

Después de aumentar el nivel de nuestro juego en el mundo del atletismo, tuvimos la oportunidad de correr con el equipo Hoyt en Virginia Beach para la maratón del 2007. Kevin y
yo tenemos el reto entre nosotros de mantener el ritmo con
ustedes en una carrera algún día. Yo digo que vamos a tener
que esperar hasta que tengas noventa y cinco años, Dick. Sólo
estoy bromeando, pero creo que Kevin lo piensa en serio.

Ahora que Kevin tiene casi dieciséis años de edad, su independencia está prosperando. Él no quiere que su papá le
ayude con las cosas. El dispositivo que utilizamos para correr
juntos en realidad es una bicicleta que yo he adaptado y que
puedo empujar, como un trotador, pero Kevin es en realidad
quien pedalea y dirige. Cuando empezamos a usarlo, él apenas
podía bajar por el garaje. Ahora salimos de paseo en bicicleta,
y siempre y cuando estemos en un camino plano o en descenso él está bien. Con el tiempo quiere montar completamente
solo.

Otro ejemplo de la independencia de Kevin se mostró
cuando compitió en varias carreras usando su caminador. Su
primer 5 km se hizo con el Achilles Track Club (Club de Pista
de Aquiles) donde muchos niños con necesidades especiales
y algunos atletas con discapacidades estuvieron presentes. Un
atleta, en particular que estaba presente era Scott Rigsby, el
primer doble amputado en competir en un triatlón Hombres
de Hierro. Al final de la carrera, toda la multitud estaba caminando el circuito final y animando a Kevin. Cuando cruzó
la línea de meta, Mary Bryant, la directora del Achilles Track
Club, lo estaba esperando con un premio especial, y Rigsby le
dio su placa expresando la inspiración que había recibido de
Kevin.

Al año siguiente, el Achilles Track Club nos llamó y quería que Kevin fuera hasta el Central Park y compitiera en su carrera de cinco millas. Él la completó más o menos en dos horas y media. Todo el tiempo yo le estaba ayudando a visualizarte a ti empujando a Rick en el evento de Hombres de Hierro, halándolo en el agua, completando alrededor de treinta maratones de Boston, corriendo por todo el mundo, y hablamos de ello durante toda la carrera. Seguimos pensando en lo difícil que sería si estuviéramos compitiendo contra ustedes. Kevin sólo siguió avanzando. Ustedes fueron la motivación.

Cuando terminó los ocho kilómetros, hubo muchas lágrimas en el público, incluyéndome a mí. Sólo puedo imaginar el alcance que ustedes tienen. No creo que alcancen a comprender el calibre del impacto que tienen en una familia como la nuestra.

Al igual que Rick, Kevin planea ir a la universidad después de la secundaria. Su meta es estudiar en la Universidad de Georgia Tech para obtener un título en Ingeniería y trabajar en dispositivos que ayuden a las personas con discapacidades. No creo que ustedes reciban el crédito que merecen en lo referente al ámbito educativo. Sin su familia, este sueño de Kevin no sería plausible.

Los dos mundos que ustedes han creado en la vida de Rick son una combinacón excelente. Yo se que Kevin tiene la perseverancia para llevar a cabo todo lo que Rick ha logrado, pero sin ustedes dos, no sé si habría podido conceptualizarlo. Él tiene en su cabeza que puede hacer cualquier cosa por sí mismo, y no se va a dar por vencido en su objetivo de una media maratón contigo y Rick.

Gracias por inspirarme a diario,

Rich Enners

Atlanta, Georgia

Capítulo 16

Mi carrera militar URE

Con la ocupada agenda de Rick, me aseguré de maximizar el tiempo que pasábamos juntos. Seguimos corriendo, no nos habíamos detenido desde 1977, pero los dos seguíamos balanceando nuestra agenda de competencias con el trabajo y otras obligaciones. Judy se había mudado y presentaría una demanda de divorcio a finales de 1993, así que me quedé sólo en la casa del lago. Me dio mucho tiempo para pensar. Vivir rodeado de nuestras fotos familiares, las cintas y toda la parafernalia y los recuerdos de todas las carreras en las que habíamos competido a veces era agridulce. En muchos sentidos, la evidencia de nuestros logros era prueba del tiempo que pasamos juntos como familia. No éramos sólo Rick y yo allá afuera todos esos años. Habíamos tenido un fuerte sistema de apoyo respaldándonos, y a pesar de las diferencias que eventualmente nos separaron, la que pronto sería mi ex-esposa había sido parte de eso. Fue un gran cambio para mí y era mucho a lo cuál debía acostumbrarme. La soledad me hizo pensar en hacer algunos cambios en mi vida.

En términos de competencias, seguí más ocupado que nunca, entrenando para carreras de Hombres de Hierro, maratones y triatlones. En 1994, incluso hicimos realidad uno de mis sueños de mucho tiempo y viajamos a Japón para competir, no en el evento de Hombres de Hierro de Japón, sino la segunda mejor opción, la Triatlón de Tokunoshima. La isla era hermosa, como siempre había imaginado que sería Japón, con exuberantes campos de arroz, colinas, edificios antiguos, y aguas cristalinas que me recordaron a Kona y a Hombres de Hierro de Hawái. Donde quiera que fuéramos, la gente de Tokunoshima nos daba flores, y nos sentimos bienvenidos en una tierra tan lejana. Eso compensó el dolor de la descompensación horaria y el malestar por la adaptación a la dieta cruda japonesa, la cual produjo efectos secundarios más bien desafortunados durante el segmento en bicicleta del triatlón. Sin embargo, me recuperé, y cruzamos la línea de meta, una vez más, no ocupando el último lugar, donde recibimos una cálida acogida por parte de los espectadores japoneses.

Cuando llegamos a casa luego de esa aventura, reflexioné sobre el viaje al que por fortuna había podido ir y que era una oportunidad única en la vida. Como siempre, era bueno estar de vuelta en nuestro propio terreno, pero sentí que había más nuevas aventuras en el horizonte. Mi familia seguía avanzando en varias direcciones, hacia nuevas carreras y nuevos comienzos propios. Se me ocurrió que tal vez debería usar ese aislamiento como una oportunidad. A los cincuenta y tres años, no me estaba haciendo más joven, y sabía que a pesar de lo que Rick y yo habíamos logrado hasta el momento en el mundo del atletismo y los maravillosos lugares que habíamos visitado, aún había mucho más que podíamos hacer. Sabía que podíamos hacer muchas cosas a fin de crear más conciencia sobre las discapacidades.

Yo quería poder enfocar mis energías en las competencias con mi hijo, siempre y cuando estuviera en condiciones físicas. El clima social estaba cambiando. Las personas estaban comenzando a aceptarnos más fácilmente y parecían estar interesadas en conocer nuestra historia. Parecía el momento ideal para concentrarme en mejorar la vida de otros. Desde la primera carrera, Rick había tenido el sentir de hacer donaciones caritativas, el tipo de mensaje que podía enviar a otros que enfrentaban debilitamiento o adversidades. Al principio, sin embargo, yo había corrido con mi hijo por razones egoístas. Sabía que a él le encantaba, y me hacía sentir bien hacer algo que le daba alegría. Todos esos años, había sido un pasatiempo sano, una forma de pasar mis fines de semana y el tiempo libre con mi hijo. Hasta entonces, había estado acomodando las carreras en mi agenda según fuera posible. Todavía estaba trabajando de tiempo completo para la Guardia Nacional Aérea y presentándome en la base para mis deberes. Después de un fin de semana de carreras, podría estar adolorido la semana siguiente en el trabajo, pero la emoción de competir y saber cuánto disfrutaba Rick nuestro tiempo juntos hacía que cualquier molestia valiera la pena.

Siempre había sentido algún grado de culpabilidad por no poder estar en todos los eventos en la vida de mis hijos, especialmente de Rick, dados los retos adicionales que se enfrentó día tras día. Sin duda, mi ausencia era inevitable de vez en cuando. Yo lo sabía. Y sé que todos los padres enfrentan el mismo dilema: cómo equilibrar la vida laboral con la vida familiar. Tenía que ganarme la vida para mantener a mi familia. Eso a veces significaba mi ausencia en grandes logros donde me habría gustado estar. En el momento adecuado de todas nuestras vidas, como es natural las carreras se presentaron como un medio para compensar a Rick por el tiempo que me había perdido.

Todos esos años, había estado corriendo por mi hijo. Mi promesa era que iba a seguir compitiendo, siempre y cuando eso fuera lo que Rick quería. Pero a medida que me acercaba a mis cincuenta y mi jubilación estaba a la vista, me di cuenta que había llegado otra oportunidad. Gracias a la atención de los medios en las carreras más grandes y a diversas entrevistas de difusión nacional que habíamos hecho en los últimos años, la gente sabía quiénes éramos. Con frecuencia nos contactaban con sus propias historias. En todas las cartas recibidas, era evidente que habíamos cautivado a un público que potencialmente podría ayudarnos a hacer una diferencia para otras personas, así fueran sanos o lucharan con una discapacidad.

Había llegado el momento para concentrarme en el equipo Hoyt, para realmente compensar el tiempo que me había perdido con Rick durante su juventud, pero también responder a una vocación mayor. Siempre me ha gustado los días de duro trabajo y todavía me gustan, pero después de años de competencia con mi hijo discapacitado, tenía una nueva perspectiva de trabajo. Estaba decidido a utilizar mi propio empuje y ética de trabajo no sólo para seguir compitiendo con mi hijo, sino también para crear conciencia sobre las personas con discapacidades. Ya era hora de retirarme de mi trabajo diario y enfocarme en la actividad que había estado ocupando mis fines de semana durante casi veinte años.

Soy el tipo de persona que siempre mira hacia el futuro y que está lista para la próxima aventura, pero cuanto más contemplaba la jubilación, más me daba cuenta de cuánta influencia había tenido mi carrera militar en mi vida como atleta. Puede haber sido una experiencia militar relativamente promedio, pero me había preparado de muchas maneras para ser un mejor competidor. Dado el tiempo que serví en el ejército, sé que fui afortunado por no haber tenido que ir a combate y nunca me dispararon ni me hirieron. Como en el credo de cualquier miembro de la Guardia Nacional, estaba listo para el servicio activo en cualquier momento, pero supongo que tuve suerte. Nunca me llamaron. Al igual que cualquier otro hombre enlistado en el ejército, empecé bastante bajo en el tótem. Había hecho mis turnos en la cocina y de guardia. Para avanzar, había ido a la escuela para formación básica y luego al

entrenamiento avanzado para el ejército. Después de graduarme de varios programas de capacitación, finalmente estudié
el campo que había elegido: el programa de defensa antimisil.

Esos fueron los primeros días, cuando Rick era sólo un pequeño niño y teníamos la vida entera frente a nosotros. Fue a
través del programa de defensa antimisil que aprendí a operar
los sistemas de radar y pasé la mayor parte de mi tiempo en
el servicio activo en la costa este, como operador de radar de
defensa aérea para el sistema de misiles Nike Ajax. Durante
la primera parte de mi carrera, el misil Nike fue actualizado
y pasó a ser el misil Hércules, yo también me actualicé como
operador de radar para el sistema Hércules. Muy pronto, me
ascendieron a jefe de sección a cargo de los sistemas de radar.
Luego me convertí en oficial y me pusieron a cargo del área de
control de lanzamiento de misiles en Lincoln, Massachusetts.
Mi siguiente posición en Lincoln fue de funcionario ejecutivo
a cargo del sitio de control de incendios. Programaba a las tri-
pulaciones, me aseguraba de que estuvieran calificados para
las tareas que debían realizar, y llevaba a cabo los ejercicios.
No sabía en el momento que la mentalidad militar de dedicación al deber me ayudaría a convertirme en un corredor comprometido.

Después de mi período en Lincoln, Massachusetts, cambié de la Guardia Nacional del Ejército a la Guardia Nacional
Aérea y me convertí en el oficial de seguridad en la base aérea
Otis en Cape Cod. Era responsable de la fuerza de seguridad,
la cual estaba encargada de velar por los aviones en la base de
la Fuerza Aérea. Fue en este tiempo que compramos la casa de
nuestros sueños, aunque fue un sueño que duró poco tiempo.
Cuando se determinó que todo el sistema de misiles y el al-
macenamiento de armamento de misiles eran innecesarios y
se volvieron obsoletos, fui trasladado a Westfield, Massachusetts, al aeropuerto de Barnes como oficial de administración
para la base.

Mientras nos instalamos en Westfield, Rick entró a la escuela y yo me acomodé a mis deberes militares con la Guardia Nacional Aérea. Me convertí en jefe de personal, incorporando y haciéndoles las pruebas a todas las personas que se unían a la Guardia Nacional Aérea en Barnes. Por un corto tiempo me trasladaron a Wellesley, no muy lejos de Westfield, donde se encontraba la sede de la Guardia Nacional Aérea de Massachusetts, y allí me desempeñé como director de personal. Finalmente, me enviaron de vuelta a Barnes en Westfield, donde fui ascendido a oficial de apoyo ejecutivo de la base. Yo estaba involucrado en todas las áreas de apoyo en la base. Algo muy apropiado teniendo en cuenta mis actividades de fin de semana, fue que mis funciones adicionales incluían promocionar no fumar, la buena condición física y el control de peso. Así que, en otras palabras, todo el mundo me odiaba. Hice que los guardias que se enlistaron dejaran de fumar, perdieran peso, e hicieran ejercicio para mantenerse en forma. Fue alrededor de ese tiempo que Rick se interesó en las carreras, así que ese era el trabajo perfecto para mí. Incluso organizaba carreras que se llevaban a cabo durante la jornada de trabajo, lo cual me dio tiempo para entrenar un poco.

Siempre he sido bueno con mis manos y de cierta manera me considero un artesano. Pero había dejado de hacer trabajos de albañilería en la época en que fui trasladado a Barnes en Westfield. Antes, cuando estaba trabajando en el sitio de misiles, me programaban para turnos de veinticuatro horas, y luego descansaba cuarenta y ocho horas, así que tenía tiempo para trabajar adicionalmente en albañilería y otros proyectos de construcción cuando no estaba de turno. Cuando me trasladaron a Westfield, mi horario de trabajo cambió a cinco días a la semana, y un fin de semana al mes. Como era de suponer, a esto se le sumaban nuestras carreras cada fin de semana, así que no tenía tiempo de sobra para la albañilería.

La Guardia Nacional siempre me apoyó en la decisión de correr con Rick y me daba tiempo libre cada vez que lo necesitaba. Como lo usaba muy poco, mi tiempo de vacaciones y licencia por enfermedad se acumulaba. Eso facilitaba las cosas, por ejemplo, cuando tenía que tomar más tiempo libre para viajar a una carrera. Tenía ese tiempo libre acumulado. Cuando me tomé cuarenta y cinco días seguidos en 1993 para correr y montar bicicleta a lo largo de los Estados Unidos, tuve la oportunidad de hacerlo con la bendición de la Guardia. En todos los Estados a los que entramos durante nuestra travesía, la Guardia Nacional nos recibió y nos presentó la bandera de su estado.

Si alguna vez necesitábamos equipo para el campamento para niños o si improvisadamente buscábamos algún equipo de carreras, podíamos acceder a la bodega de suministros de la base, (a menudo, en esos primeros días, el equipo de carreras de Rick fue armado con piezas de materiales de guardia). La forma como la guardia apoyó nuestros esfuerzos fue muy especial. La gente de mi base nos animaba a Rick y a mí en cada nuevo evento en el que entrábamos. Me siento afortunado de haber tenido ese tipo de respaldo por parte de mi empleador y guardias compañeros todos esos años. En el espíritu de esa relación, comencé una carrera en la base en Westfield. Rick y yo también corrimos con un grupo de Maratón de la Guardia Nacional por unos años, así, llevando la camiseta de su equipo en la competencia, me sentía orgulloso de estar afiliado a la Guardia.

Equilibrar el trabajo diario junto con el entrenamiento y las carreras sólo me hizo un atleta más dedicado. Mis horas durante los últimos años de la carrera militar fueron ideales para las competencias. Trabajaba de lunes a viernes de 8 a.m. a 4:30 p.m. en la base en Westfield, con un fin de semana por mes de servicio requerido. Estaba acostumbrado a mantener una agenda muy apretada, y funcionaba mejor cuando tenía muchas cosas para hacer.

Después de treinta y cinco años en la Guardia, fue una decisión difícil finalmente retirarme. La Guardia se había convertido en parte de mi familia extendida. Me trataron muy bien tanto los oficiales de alto rango como los reclutas de menor rango que trabajaron para mí. Por muchos años seguidos la unidad que lideraba había recibido el premio de "unidad destacada del año", lo cual hablaba bien de los hombres y mujeres que trabajaron para mí, y lo bien que podíamos cumplir nuestros deberes como grupo. Siento que hice bien mi trabajo y que la gente respetaba mi ética laboral. Eso, junto con mis logros en el ejército, me dio la posibilidad de retirarme de la Guardia Nacional Aérea como teniente coronel el 28 de julio de 1995. Después de treinta y cinco años de servicio militar, tenía que preguntarme qué vendría después. Entre el deseo de correr tanto como fuera posible y crear conciencia sobre lo que se puede lograr si la persona cree en sí misma, tenía un par de cosas en mente.

Por mucho tiempo la gente me había dicho: "Tienes que escribir un libro. Sería de mucha inspiración". Lo escuché de espectadores en las carreras, compañeros de trabajo y hasta familiares. Pero entre mis funciones con la Guardia y las carreras en cada momento libre, nunca había tenido tiempo. Luego me jubilé. Después de eso, me senté durante seis meses e intenté escribir. Seguía pensando para mis adentros: "Si vas a escribir un libro, éste es el momento de hacerlo". Así que dediqué el tiempo. Lo que quería no era tanto contarle a todos cada detalle de mi historia personal, sino escribir la historia de Rick y yo para usarla como un altoparlante para nuestro trabajo de concientización sobre discapacidades. Estaba decidido a utilizar mi nuevo tiempo libre como jubilado, para devolver algo a la comunidad. Todo lo que tenía que hacer era encontrar el mejor método de alcanzar a la mayor cantidad posible de personas con nuestro mensaje de que cualquier cosa es posible si sólo te comprometes a hacerlo. Así que en 2005, hicimos los trámites necesarios para darle al Fondo

Hoyt el estatus de entidad sin fines de lucro, y se convirtió en Hoyt Foundation Inc. Comenzamos a tener eventos para recaudar fondos para reunir donaciones y con ellas comenzamos a ayudar en campamentos locales de verano para niños discapacitados, así como organizaciones locales de cabalgatas terapéuticas.

Queridos Dick y Rick:

Cuando te conviertes en papá, algo cambia dentro ti, algo te mueve. Algunos padres son impulsados por el temor. Temor a que su hijo se enferme o sea infeliz. A mí lo que me movió fue la necesidad absoluta de ser del estilo cazador y recolector. Quería que mi familia tuviera el coche más grande, viviera en la casa más elegante, y estudiara en la mejor escuela. Para que eso sucediera, sentía que tenía que hacer algunos sacrificios.

Después de ser dado de baja por causas médicas de las fuerzas británicas, volví a casa y tuve mucho éxito en el mundo de los negocios. Dirigía una gran compañía, y trabajaba siete días a la semana, dieciocho horas al día. Estando completamente enredado en el mundo empresarial, sólo me comparaba con los otros en ese mundo. Comparado con ellos, yo estaba bastante bien, pero regresaba a casa después del trabajo y mi hijo de seis meses de edad, no venía a mí. No quería estar cerca de mí porque no sabía quién era yo. Sabía que algo estaba mal, pero no sabía cómo cambiarlo. Creo que estaba atrapado en la trampa en que muchos de nosotros nos encontramos.

Como en muchos de mis viajes de negocios a los Estados Unidos, después del vuelo tenía descompensación horaria y estaba despierto a las 3 a.m. viendo ESPN. Pero esta vez fue diferente. En lugar de ver *Sports Center* por tercera vez ese día, los estaba viendo a ti y a Rick corriendo en televisión, cruzando la meta en el Hombres de Hierro de Hawái 1999. Fue como si se hubieran encendido las luces. Ahí estaba yo pensando que estaba haciendo todo lo correcto. Viajando por negocios, firmando contratos y tratando de hacer una mejor vida financiera para mis dos hijos, mientras que durante todo ese tiempo los dos estaban en casa pensando: "¿Dónde está papá?"

A la semana siguiente, me bajé del avión después del vuelo desde Nueva York, llamé a mi abogado, y vendí mi empresa. Pensé que estaba haciendo lo correcto al trabajar cada hora que me daba Dios, cuando lo que debería haber estado haciendo era asegurarme de pasar suficiente tiempo con mis hijos. Rick, si tu padre podía nadar 2.4 millas halándote en un bote detrás de él, montar 112 millas en una bicicleta adaptada para llevarte en la parte delantera y correr 26 millas, empujándote en una silla de carreras, ¿por qué yo no estaba presente para al menos lanzar una pelota en el patio con mis hijos? Con un cambio completo en mi estilo de vida, estaba en casa todo el tiempo con mis hijos, empujándolos en su bicicleta en la calle, ayudándolos con las tareas, y haciendo que mi familia fuera mi prioridad número uno, y el trabajo la última parte de mi lista.

Ustedes también me inspiraron a comenzar a entrenar para mi propio Hombres de Hierro de 2005 en el Reino Unido. Me amarré los zapatos y me puse en marcha. La primera vez que salí apenas alcancé las tres millas cuando me comencé a sentir muy enfermo y regresé a casa sintiéndome un poco avergonzado por mi incapacidad. Tenía un largo camino por recorrer, así que comencé un régimen de entrenamiento de dieciocho meses. Mis días eran perfectos. En lugar de salir a trabajar en las primeras horas del día y regresar después de que los niños estaban en la cama, me despertaba en la mañana, pasaba tiempo con mis hijos durante el desayuno, los llevaba a la escuela, y tenía el resto del día para entrenar.

Todo iba perfectamente, hasta la noche del 21 de junio. Antes de salir a cenar con mi esposa para nuestro aniversario, decidí dar un rápido paseo en bicicleta por una hora para mantener mi rutina. No estaba a más de dos millas de casa cuando un coche que iba a sesenta millas por hora, salió de la nada y me golpeó. Mi bicicleta fue arrastrada bajo el coche, mientras yo volaba sobre el parabrisas, el techo, y salí rebotando por la calle. Mis lesiones fueron intensas, pero corregibles. Me fracturé el codo, el cubito en cuatro partes, dos dedos, tenía magulladuras en todas partes y tenía puntos por toda una pierna y en el hombro. Para colmo de males, mi bicicleta estaba destrozada.

Sabía que iba a estar bien, pero mi viaje al hospital trajo a mi mente la realidad que yo quería ignorar. Recuerdo que le pregunté al cirujano si podría competir en el evento de Hombres de Hierro dentro de seis semanas. Él sólo se rió. Después de todo el arduo trabajo que hice mi meta era inalcanzable.

Luego de dos semanas completas en que estuve de mal humor, un amigo mío que había estado entrenando conmigo, vino y me trajo la inspiración que necesitaba. Él sabía que tú y Rick habían sido mi motivación para los cambios en mi vida y mi deseo de terminar un Hombres de Hierro, entonces pidió una copia del video de Hombres de Hierro de Hawái 1999 por Internet y me la trajo. Puse el DVD y recuerdo que pensé que si ustedes podían hacerlo con una discapacidad mayor que simplemente un brazo fracturado, supuse que también yo podía. Y lo hice.

En general, lo más difícil que tenía que hacer era encontrar una nueva bicicleta. Mido 6'4" y nadie en Europa tenía en inventario una bicicleta de mi talla. Así que tuve que pedir una desde los EE.UU., con la posibilidad de que podría perderse en la aduana. Por supuesto, así fue, pero finalmente llegó el día antes de partir para la carrera.

Mi siguiente obstáculo fue aprender a nadar con un sólo brazo. Practicaba en la piscina pública local y terminaba nadando en círculos, molestando a todas las señoras de edad, y luchando hasta que finalmente logré que funcionara suficientemente como para competir. En ese momento, correr era la última cosa para la que tenía tiempo para preocuparme y sólo podría encontrar el tiempo y energía para correr cinco o seis millas antes que fuera hora de la carrera.

Camino a Sherborne, donde se realizaría la carrera, no estaba preocupado. En las semanas posteriores al accidente me había estado engañado a mí mismo pensando que estaría bien si fracasaba a causa de mi lesión. No me importaba, llegar a la línea de salida por lo menos demostraba que estaba dando todo de mí. Si fracasaba, era porque mis extremidades estaban fracturadas. Nadie podía pedirme más. Estaba sintiendo lástima por mí mismo con mi brazo fracturado, cuando el caballero delante de mí en la mesa de registro me miró y me sonrió. Inmediatamente me di cuenta que él sólo tenía un brazo. En ese momento supe que me estaba autoengañando. Era como si alguien me estuviera enviando una señal. Yo tenía un brazo fracturado, pero todavía tenía un brazo. De repente, eso ya no era una excusa, y las cosas se pusieron serias.

Inmediatamente, corté el yeso para quitármelo, con dolor me metí en el traje de neopreno y estaba listo para comenzar. Los 3.8 km de natación fueron cómicos, mientras luchaba por pasar a los oponentes empujándolos fuera del camino con mi brazo. Y en la bicicleta me fue bien hasta que mi herida se abrió justo al comienzo. Al final me di cuenta que terminar en Hombres de Hierro fue lo mejor que había hecho.

Ustedes dos fueron una gran inspiración en toda la carrera. Cuando sentía dolor o las cosas eran difíciles, yo sólo pensaba: "Bueno, la natación no fue tan difícil, porque todo lo que tuve que hacer fue nadar con una sola mano, Dick tiene que nadar remolcando a Rick. Y el ciclismo no fue tan difícil, porque tenía la mejor bicicleta que el dinero podía comprar y Dick lo hace en un montón de chatarra con Rick sentado en la parte delantera añadiéndole 100 libras más." Me presioné, porque si ustedes podían hacerlo, entonces ¿por qué no podía hacerlo yo también?

Dick, a los sesenta años, dos meses postoperatorios después de un ataque al corazón, llevando a tu hijo junto contigo todavía haces un mejor tiempo que yo superándome por una hora y media. Cuando comparto tu DVD y libro con otros, todos quedan con una sensación maravillosa, pero se nota la diferencia en los que han corrido un triatlón Hombres de Hierro, porque al final quedan sin palabras. Ellos saben que es casi imposible. Me alegro que ahora pueda apreciar realmente lo duro que ustedes dos trabajan. Desde mi Hombres de Hierro en el 2005, he completado tres más, recortando mi tiempo en una hora y cincuenta minutos.

Con mi espíritu competitivo y un corazón con iniciativa empresarial, no puedo negar que he comenzado algunos negocios más en los últimos años. La diferencia es que ahora mi familia es la prioridad. Mis negocios tienen que adaptarse a mi rol como padre y no al revés. Con mi nueva vida, ahora puedo permanecer cerca de casa y disfrutar de la cena con mi familia todas las noches. Gracias, Dick y Rick, por permitirme comprender la importancia de ellos.

Es extraño que siempre estamos buscando gente para admirar y a quienes llamar héroes. Por lo general, buscamos en los deportes de clase mundial y equipos de celebridades, pero luego te encuentras con dos chicos normales de Boston, y dices: "Quiero ser como ellos".

Dick y Rick, quiero ser como ustedes.

Mike Charlton

Reino Unido

Capítulo 17

Nuestra carrera como conferencistas

Nuestro lema personal, al que Rick y yo siempre nos hemos apegado es: "Sí puedes". Puedes hacer cualquier cosa que te propongas. Creo que la gente recordaba esa frase cuando nos veían corriendo, sudando hasta llegar a cada línea de meta. Antes de que hubiéramos hecho más que sólo unas cuantas carreras, comencé a recibir llamadas de diversas personas pidiéndome que les hablara de nuestra historia. Las solicitudes empezaron a llegar alrededor de 1981, justo después de nuestra primera maratón en Boston. Para entonces, había habido un buen número de artículos y publicidad sobre el equipo Hoyt en las estaciones de televisión locales y en los periódicos. Todo el mundo quería saber de qué se trataba el Equipo Hoyt, cómo comenzó, por qué hacíamos lo que hacíamos, el tipo de curiosidad habitual que nos rodea. Extraños me llamaban a casa a pedirme que fuera a hablar en sus reuniones locales como el Club Rotario, el Club de Leones, clubes locales de atletismo, ese tipo de cosas. Recibíamos llamadas telefónicas por parte de escuelas del área donde los administradores sabían de Rick y su lucha no sólo para convertirse en un atleta, sino también para obtener una educación. En cierto modo era irónico que estuvieran tan ansiosos de escucharlo, dadas las dificultades que habíamos enfrentado para lograr que incluso los funcionarios escolares le permitieran ir a la escuela. Pero era claro que todo había salido bien al final, así que era un placer compartir nuestra historia.

Por esos primeros compromisos no nos pagaban honorarios. No se me ocurrió que la gente quisiera pagar por oírme hablar. No estaba entrenado para ser un orador motivacional. La gente sólo quería que fuera a contar la historia del equipo Hoyt y me alegraba mucho hacerlo. Podría correr la voz sobre la discapacidad de Rick y de cómo se sentía más vivo cuando él y yo estábamos corriendo en competencias. Rick incluso escribió su primer discurso cuando estaba en quinto grado y aún experimentando con su nuevo CIT. Escribió un maravilloso discurso de quince minutos que probablemente le tomo quince horas escribir. La revista *People* publicó una copia del mismo, el cual atrajo mucha atención.

Fue muy difícil cuando empecé a hablar delante de una gran multitud, o en realidad para cualquier grupo. Cuando estaba en la escuela, yo era extremadamente tímido y no me gustaba pararme al frente de la clase, o responder las preguntas de la maestra. Yo era inteligente y sabía las respuestas, pero no me gustaba levantar la mano o dar la información voluntariamente. Cuando me llamaban a responder o tenía que ponerme de pie frente a la clase para hablar, rápidamente me sonrojaba y me avergonzaba. Nunca fui el bromista que Rick siempre ha sido. En lugar de eso me daba pena y prefería quedarme atrás y responder a las preguntas de mi tarea y los exámenes. Ya siendo adulto siempre siento mariposas cuando estoy en la línea de salida a una carrera, pero no es la misma ansiedad que siento cuando subo a un podio para dar un discurso. Había escalado montañas, pero hablar en público era una montaña que me asustaba terriblemente.

Ponerme de pie frente a una multitud sabiendo que la audiencia estaba esperando que dijera algo brillante daba miedo. Me sudaban las manos. Mi corazón latía fuertemente, y yo pensaba, ¿por qué estoy tan nervioso? Nuestra historia es sencillamente una de persistencia. Finalmente eso fue lo que hice para superar mi miedo escénico, persistí. Si Rick podía hacer todo lo que hace, entonces yo podía ponerme de pie y decir algunas palabras en frente de extraños. Después de hablar un par de veces, me di cuenta de la increíble oportunidad que era y de lo bien que mi público me acogía siempre. La gente nos acogía a nosotros y a nuestro mensaje. Realmente nos escuchaban y sentían que podían aprender de nuestra historia. La sociedad había avanzado bastante. Me acordé de los días en que Rick era un bebé y no sabíamos qué andaba mal con él y que a Judy le preocupaba sacarlo por temor a lo que los vecinos pudieran pensar o decir. Años después, yo llevaba con orgullo a mi hijo para que se sentara junto a mí en el escenario mientras yo daba un discurso, y la gente aplaudía vigorosamente. Saber que el mensaje valía la pena cualquier molestia que sentía por hablar en público, junto con la efusión de amor y apoyo, disminuía mi pánico escénico en gran manera.

Al principio, Rick no podía asistir a los discursos conmigo, porque tenía clases y tareas que lo mantenían ocupado. Pero después de un tiempo, pudo ajustar algunas de las charlas a su agenda y disfrutó el estar conmigo en el escenario. Es todo un personaje y tiene su propio mensaje cautivador que contar. Cuando su computadora fue actualizada para incluir un sintetizador de voz (el primer sistema de comunicación con emisión de voz que tuvo Rick fue el LightWriter en 1986), él podía escribir un discurso y almacenarlo en su computadora para reproducirlo en estos eventos. La gente podía escuchar lo que él pensaba, en sus propias palabras, acerca de cómo se sentía cuando corría en eventos. Esa es siempre la parte más poderosa de cualquier presentación que hacemos, escuchar a Rick hablar por sí mismo.

Desafortunadamente para Rick se está complicando más viajar en avión para atender charlas a medida que pasan los años y sus problemas de espalda empeoran. Es difícil para él sentarse durante períodos largos de tiempo, y viajar así es muy extenuante, porque su cuerpo está en continuo movimiento. Cada año, esos movimientos parecen aumentar un poco más y duran más. Cuando viaja, Rick está muy incómodo, y si su incomodidad no se puede controlar con terapia de piscina, masajes en la espalda, soportes de la espalda, y relajantes musculares, tendría que someterse a una cirugía en los próximos años, como último recurso.

Luego, está el problema de su silla de ruedas. (Además de nuestra silla para correr, Rick tiene una silla de ruedas regular y una silla para viajar.) Las líneas aéreas realmente destruyen la silla de viaje. Una vez la bajaron del avión y le faltaba un brazo, después que la lanzaron con el resto del equipaje. Durante mucho tiempo, no pudimos mandarla a arreglar y equiparla de una forma especial, así que a su silla de viaje le faltaban algunos tornillos y un brazo, y las partes estaban pegadas con cinta adhesiva. No queremos poner una silla de viaje nueva en el avión y que la destruyan como la anterior por lo que a menudo viajamos con la versión destartalada. Como ha sido reconstruida tantas veces, la silla es muy incómoda para que Rick se siente, y no está equipada, como debería estarlo para su cuerpo. Él necesita estar sentado de cierta manera en su silla con el fin de controlar el interruptor para activar su CIT y si no está sentado correctamente, no puede controlar el interruptor de una manera correcta. Así que en una charla, si la forma en que está sentado le impide controlar fácilmente el interruptor, la presentación no es tan eficaz. Todo esto obliga a que Rick se quede en casa con más frecuencia de la que él quisiera, al menos para eventos que requieran volar. Viaja conmigo cuando la conferencia es a una distancia corta en coche ya que puede sentarse en su silla regular para que lo lleven en su camioneta, pero para eventos que requieren volar, yo voy solo.

Nuestros primeros discursos pagos fueron en escuelas públicas locales. Tenían una semana para crear conciencia sobre discapacidades (lo cual es una gran victoria en sí misma) y tenían los fondos para pagarles a los oradores que le hablaban a los estudiantes en una asamblea. Rick y yo íbamos a la escuela, hacíamos una breve presentación, y la escuela nos daba un cheque por $40 o $50 para compensar nuestro tiempo y los viajes. Nunca hicimos publicidad para nuestras presentaciones, pero nuestra historia se difundía de boca en boca y en los diferentes segmentos que mostraban en la televisión. Antes de darme cuenta, los funcionarios escolares locales y presidentes de empresas me pedían que me dirigiera a sus empleados. Al principio no lo entendía. Era lógico que se nos pidiera hablar en la YMCA o The Arc, una organización que aboga por los derechos de las personas con discapacidades intelectuales y de desarrollo, pero ¿en grandes corporaciones que no tenían nada que ver con las personas con discapacidades? Fue entonces cuando entendí que se trataba del mensaje que estábamos esparciendo y no necesariamente sobre personas relacionadas con la discapacidad de Rick. "Sí puedes", resuena con todo el mundo, incluso con las personas que no tienen discapacidades. He hablado a todo tipo de empresas y organizaciones, desde Procter & Gamble hasta las Olimpiadas Especiales, programas de hospedería como a universidades, de Industrias Goodwill hasta Google, Inc. El mensaje nunca cambia, y sin embargo, el público es receptivo donde quiera que vayamos.

Recibimos muchas cartas por parte de personas que han asistido a nuestros eventos o de las corporaciones que nos han patrocinado para ir. Las conservamos todas. La disposición de los autores para agradecernos en verdad nos motiva a seguir haciendo lo que estamos haciendo. Por ejemplo, después de haber hablado en el Desayuno Anual de Strong Kids en la YMCA de Middleboro, el director general de la YMCA de Old Colony escribió para decirme que había seguido al equipo Hoyt a lo largo de los años. Nos había visto competir en el triatlón anual de YMCA en Old Colony pero dijo que "no fue sino hasta su presentación que entendí lo que la misión de su vida los ha llamado a hacer". El director general continuó diciendo, "Notable, sería una palabra insuficiente para describir lo que ha hecho con su hijo para dar ejemplo. Lo que esos esfuerzos han hecho en nombre de las personas con discapacidades sólo se puede medir con los logros de líderes mundiales."

Kathy Boyer, mi novia y también administradora de nuestra empresa, recibió un correo electrónico particularmente conmovedor de un estudiante en Holy Cross College, donde yo había dado una charla: "Uno de los jóvenes que hicieron preguntas al final de la charla era un estudiante autista que estudia en la universidad. Al día siguiente lo vi en el centro del campus repitiendo para sí mimo '¡Sí podemos!'. Aunque la charla me afectó, estaba realmente atónito por el efecto que había tenido sobre él. No creo que el alumno le envíe un correo electrónico, pero realmente quería reiterar el efecto que ver y escuchar a Dick ya había tenido sobre mí y el resto de los estudiantes presentes".

Después de viajar a California para una charla especial para un programa de cuidados paliativos, el director rápidamente escribió en agradecimiento:

"Ha pasado exactamente una semana desde que vino a Bakersfield como orador invitado al decimoquinto evento anual de Hoffmann Hospice, 'Voices of Inspiration' para recolección de fondos. No hay palabras para comenzar a expresar el impacto que hizo y dejó, en todos y cada uno de nosotros gracias a su presentación del equipo Hoyt. Su dedicación a Rick, dándole tantas oportunidades para experimentar tal calidad de la vida a pesar de su discapacidad, refleja fielmente nuestra misión con los pacientes que sufren de enfermedades terminales y con sus familias en nuestra comunidad. Fue una absoluta bendición que haya aceptado venir a visitarnos en la Costa Oeste para compartir su historia".

¿Cómo no conmoverse con tanta generosidad, con personas que nos hacían saber que estábamos haciendo una diferencia? De eso se tratan estas charlas. Con los años, los compromisos de discursos seguían aumentando cada vez más. A través de ellos, no sólo tenía la satisfacción personal de que estaba usando mi historia para motivar a otros, sino que podíamos ayudar a recaudar dinero para causas en las que yo creía, incluyendo el crear conciencia sobre las discapacidades.

Debido a que YMCA tiene programas especiales para niños con discapacidades, siempre nos ha atraído de una manera especial. En una ocasión, me pidieron que hablara en un campamento YMCA durante un gran evento. Terminamos recaudando más de $15.000 dólares para la organización. Reté a los asistentes a hacer todo lo posible para recaudar más. Cuando todo había terminado, la YMCA, dijo que esa fue la mayor cantidad de dinero que se había recaudado en un solo evento. En comparación con lo que las grandes corporaciones ganan en un día, y el costo de funcionamiento de una organización como YMCA, con todo lo que ofrecen, no era mucho. Pero fue impulsado por la comunidad, con la ayuda de personas en el área para recaudar los fondos adicionales. Sentían que Rick y yo habíamos hecho un impacto, y realmente lo apreciaban.

También hemos sido grandes defensores de Easter Seals, uniéndonos para la "Campaña Equipo Hoyt por Easter Seals". Cuando era niño, Rick participó en campamentos de verano organizados por Easter Seals y en su programa de natación. Habían hecho tanto por nuestra familia con el paso de los últimos años, que era apenas lógico devolverles algo. Nuestra mayor compensación para Easter Seals se produjo en el 2006, cuando dedicamos nuestra vigésima quinta participación en la Maratón de Boston a Easter Seals y nos asociamos con la sucursal de la organización en Massachusetts en un esfuerzo de un año para recaudar el dinero necesario para sostenerse por varios años. Fue un gran éxito y recaudamos más de

$360.000 dólares para sus programas a través de un torneo de golf, rifas y subastas, venta de camisetas, y cenas de recaudación de fondos. Kirk Joslin, el presidente y CEO de Easter Seals de Massachusetts, estaba muy emocionado y dijo que el monto total superó completamente lo que se había imaginado.

Otra opción obvia para nuestro apoyo ha sido el Hospital Infantil de Boston, porque también ha influido en la vida de Rick. Aunque muchos saben de los tremendos logros atléticos de mi hijo, muchos probablemente no sepan de su larga relación con el Hospital Infantil, cuyo Programa de Comunicación Aumentativa le ha ayudado a comunicarse durante veinticinco años, desde el desarrollo inicial del CIT por los ingenieros de Tufts.

Para agradecerles, en 2009 dedicamos nuestra vigésima séptima participación en la Maratón de Boston (y carrera número mil) al hospital y su Programa de Comunicación Aumentativa. Rick grabó un video promocional para el hospital, mediante su sintetizador de voz diciendo: "Si todo el mundo que nos ve a papá y mí haciendo historia pudiera dar un dólar al Programa de Comunicación Aumentativa, sería una gran mejora a la calidad de vida de las personas sin habla". Rick y yo usamos la Fundación Hoyt para donar 25.000 dólares para dar inicio a la campaña y animamos a otros a donar lo que pudieran. La respuesta ha sido enorme y permanente. Una vez más, esas son las cosas, cuando todo el mundo se une para crear algo grande, que nos han mantenido a Rick y a mí siguiendo, con ganas de hacer más.

De repente, más o menos en el año 2005, estábamos en alta demanda. Nuestro impacto en los demás había cambiado de inspirar a personas en el camino, a inspirarlos durante la cena. Vivíamos ocupados entre el entrenamiento para carreras y triatlones durante la semana, competencias los fines de semana, y viajes para hablar en eventos empresariales. Hablar acerca de nuestra historia ha sido muy importante para lo que hacemos. Siento que realmente puedo hacer la diferencia y que cualquiera puede hacerlo si realmente se esfuerzan en ello. Le estaría haciendo un daño a Rick si no difundiera nuestra historia.

Actualmente, estoy mucho más tranquilo al hablar ante grupos de personas. Puede ser un pequeño grupo de veinte o una multitud de veinticinco mil, el tamaño de la audiencia ya no me molesta. Tan pronto subo a un escenario y comienzo a contar nuestra historia, estoy bien. Lo que hace esto posible es ver cuán receptivos son los grupos. Es como estar frente a la familia.

La mayoría de personas con las que hablo se me acercan y dicen que no pueden creer lo sensato que soy y lo fácil que es llevarse bien conmigo. Supongo que me imaginan como una atleta rudo, un gigante en la pantalla de televisor que empuja a su hijo en todas estas carreras. Antes de un evento, cuando los representantes de una organización me recogen en el aeropuerto, creo que están esperando que se baje del avión un hombre de seis pies de alto y musculoso. Luego todo lo que ven son mis cinco pies y seis pulgadas de estatura, y siempre comentan que no soy tan alto en persona. Kathy les advierte a las personas que busquen un "tipo de corta estatura y de edad madura que lleva ropa de correr". Me gusta bromear con que las apariencias pueden ser engañosas. Rick sin duda puede dar fe de eso.

Nuestra historia y nuestro mensaje son simples. Aunque las tecnologías han mejorado, y puedo acompañar mi charla con una presentación de PowerPoint y DVD, mi discurso general se ha mantenido muy similar a través de los años. Durante una presentación, comienzo diciéndole a la audiencia que quiero que recuerden dos pequeñas palabras: "Sí puedes". Luego sigo con el trasfondo del equipo Hoyt y cómo por décadas, las personas nos habían estado diciendo a Rick y a mí, "No, no puedes". Todas las imágenes que proyectamos o los cortos DVD's que presentamos para dividir la charla presentan a Rick contando su historia, con videos de él hablando a través de su computadora. Incluso cuando Rick no puede estar allí físicamente, los miembros del público pueden sentir su presencia en el escenario. Es especialmente poderoso cuando sonríe y se puede oír su risa. Todavía me emociona, cada vez.

Mi objetivo principal en estos eventos es compartir mi compromiso de por vida para cambiar actitudes y educar a otros acerca de las discapacidades. Hemos visto un impacto debido a nuestros esfuerzos. La mejor parte de cualquier compromiso de conferencia es socializar con los grupos después de hablar. Un sorprendente número de ellos, incluso cuando estoy hablando con un grupo de ejecutivos de grandes corporaciones, han hecho una carrera o triatlón. Otros tienen un familiar o amigo cercano en silla de ruedas o conoce a alguien con una discapacidad. Ejecutivos de compañías se han acercado después de un discurso para decirme que, debido a nuestra historia, se han comprometido a intentar hacer carreras y triatlones, que yo los he motivado a hacer lo mismo en sus vidas. Un hilo común une a todos los miembros de las audiencias con quienes he hablado, todos quieren hablar de sus propias historias y decirme cómo nuestra historia puede ayudarles a superar algún obstáculo en su vida.

Una señorita una vez se me acercó y me dijo que había una mujer que trabajaba en su oficina que tenía que usar una silla de ruedas. Ella no trabajaba directamente con la mujer, pero la veía de pasada lo suficiente como para saludarla y sonreír. Pudo haber tenido más de una conversación con ella, pero sentía que no tendrían nada en común, ya que ella podía caminar y moverse, y la otra persona estaba en una silla de ruedas. Entonces, la joven dijo que alguien le había enviado un correo electrónico con uno de los vídeos de YouTube en que nosotros estamos corriendo y el artículo de *Sports Illustrated* que se escribió acerca de Rick y yo. Rápidamente se dio cuenta que, aunque Rick estaba en una silla de ruedas, tenía una mente fuerte y un gusto por la vida y era alguien que ella quería conocer. Luego llegó a comprender que su compañera de trabajo era una persona también, alguien a quien había pasado por alto sólo porque utilizaba una silla de ruedas. La joven comenzó a hablar con ella durante los descansos y el almuerzo y se dio cuenta que tenían mucho en común. Les gustaba el mismo tipo de música y películas y disfrutaban el mismo tipo de comida. Empezaron a salir después del trabajo y ahora son muy buenas amigas. La joven continuó diciendo que si no hubiera oído hablar sobre la historia de Rick, nunca habría intentado entablar una amistad con la mujer en su oficina, y ambas se habrían perdido de una gran amistad.

Todas estas sorprendentes historias me han impactado. Mucha gente llora, y eso me hace un nudo en la garganta también. Es muy conmovedor para mí cuando me dicen cuánto Rick y yo hemos afectado sus vidas. Las personas dicen que vieron nuestro evento en el calendario de nuestro sitio web, o en un periódico local, y viajaron muchas horas con sus familias sólo para escuchar la historia. Me dicen cómo sus vidas han cambiado después de oír hablar de nosotros. Se han convertido en mejores padres, han perdido peso, abandonado el alcohol, las drogas o el cigarrillo, o reducido su carga de trabajo para pasar más tiempo con sus familias. Es increíble pensar que sólo oír hablar de Rick y yo tendría un impacto sobre todas estas personas y su vida. Hasta hoy, todavía me sorprende. Siempre estoy agotado emocionalmente al final de la noche.

Nuestro calendario de compromisos para charlas se llenó tanto que comenzó a interferir con nuestro programa de carreras. Recientemente tuve que reducirlas, pero todavía me gusta compartir charlas lo más seguido posible. Recibimos muchos correos electrónicos y llamadas telefónicas de todo el mundo, desde empresas y grupos que quieren que les llevemos nuestra charla. En este momento, nuestro ocupado calendario de carreras, no me da cabida para viajar muy lejos, así que nos estamos concentrando en charlas en los Estados Unidos. Nos encanta llevar a Rick a cuantos eventos cercanos sea posible. Él es la parte más importante de la historia que comparto. Tal vez cuando reduzcamos nuestra carrera deportiva, tendremos más tiempo para viajar y hablar en público. Pero por ahora, Rick y yo todavía estamos disfrutando nuestros fines de semana de carreras y triatlones.

Querido Equipo Hoyt:

Antes de ver su video en YouTube, no era capaz de moverme sin un bastón o silla de ruedas. Tenía miedo de salir de mi casa debido a los desafíos que pudiera enfrentar, mi vida estaba entumecida y paralizada como mi cuerpo. Su video me inspiró a cambiar mi vida De ustedes aprendí que en el atletismo y al desarrollar un equipo se deben enfrentar todas las debilidades y limitaciones. Tienes que aprender a aceptar tus obstáculos para poder vivir más fuerte a través de ellos.

Siendo adulta, me diagnosticaron con esclerosis múltiple, y después de ver su video, también empecé a correr. Quien ve los clips de Rick y tú corriendo juntos piensa que puede hacer cualquier cosa. Cuando comencé, corría una milla, luego, carreras de 3 km y de 5 km. Al final de mis carreras, tenía tanto dolor y estaba tan agotada que colapsaba, pero con una sonrisa en mi cara por la satisfacción de alcanzar mi meta.

Después de entender lo poderoso que fue el video de YouTube para mí, comencé a distribuirlo a todos en el hospital donde trabajo. Melissa Landry, una de nuestras voluntarias que tiene parálisis cerebral como Rick, vendía panecillos en el hospital para recaudar fondos para Children's Miracle Network. Después de ver el video "CAN", Melissa se me acercó y me dijo que no quería que yo volviera a colapsar en ninguna otra línea de meta. Ella quería estar allá con su silla de ruedas para apoyarme. Había nuevos héroes en su vida y quería ser como el equipo Hoyt. En ese momento, nació el equipo Lean.

Tanto Melissa como yo somos voluntarias en el Departamento de Geriatría del hospital, y nos pareció que el espíritu del equipo Lean y del equipo Hoyt debería extenderse a esos pacientes. Después de mostrarles el vídeo, vimos cambios en la forma como todos veían a sus propios problemas. En lugar de quejarse todo el tiempo y sentir lástima por sí mismos, comenzaron a aceptar sus pruebas y a seguir adelante. Ahora estamos entrenando nuestro propio equipo, que está aprendiendo a disfrutar de la vida a pesar de los desafíos que enfrentan.

Después de hablar más sobre las carreras, Melissa decidió que no sólo quería estar al final de la carrera, sino que también quería correr la carrera conmigo y me pidió que me apoyara en ella todo el tiempo. La semana siguiente hice una carrera con Melissa y su silla de ruedas eléctrica para apoyarme. Sabiendo que la silla de ruedas era toda su vida, estaba preocupada de usarla para toda la distancia de la carrera por temor a que tuviera exceso de trabajo, pero Melissa estaba tan motivada que no podíamos sugerir que no participara.

Nuestra comunidad quedó cautivada con la idea de que nosotras compitiéramos. Teníamos el apoyo del hospital donde trabajábamos, nuestro club de corredores, y nuestros pacientes. Después de una venta de garaje en toda la ciudad, por fin logramos reunir el dinero suficiente para comprar una silla de carreras para Melissa.

En la última carrera, cuando caí, antes que Melissa se uniera a mí, una mujer llamada Phyllis Aswell vino y me ayudó a levantarme del concreto. Era una entrenadora para un equipo de carreras que estaba tratando de completar una maratón. Inmediatamente supe que tenía que entrenar con ella, y si hacía ese tipo de compromiso con todo un grupo de personas, no podía retractarme. Cuando me inscribí para ser parte del equipo, ella no podía creer mi dedicación al atletismo. Pero seguí recordándole, no hago esto por mí, corro porque quiero que todo el mundo sepa que también pueden hacerlo.

Tan pronto Melissa y yo nos convertimos en el equipo Lean, ella también comenzó a asistir a nuestras prácticas. Todos querían a Melissa y nos acomodaban en todo lo que fuera posible. Realmente creían en el mensaje que estábamos tratando de enviar y estaban dispuestos a hacer todo lo que pudiera para apoyarnos en la difusión de ese mensaje.

Una actitud importante que aprendimos del equipo Hoyt es que ganar el primer lugar no es el propósito de las carreras. Dick, tú corres por Rick porque a él le encanta y lo hace sentir que no está paralizado. Yo corro porque me gusta la satisfacción de lograr un objetivo después de aceptar mis debilidades. Melissa lo hace porque quiere ser el sistema de apoyo de una persona, al igual que tú, Dick. Corre no por las medallas o los tiempos, sino para demostrarnos algo a nosotros mismos. Cruzar la línea de meta. Esa es la medalla que queremos ganar.

Desde el comienzo, Melissa y yo hemos corrido seis carreras juntas, una de ellas fue media maratón, y todavía estamos entrenando para nuestra maratón del próximo año. Le debo mi salud y el bienestar a la inspiración de su vídeo y al apoyo de Melissa. Mi salud ha mejorado mucho con nuestro entrenamiento de cinco veces a la semana y nuestra actitud positiva ante la vida.

Somos más que nuestras discapacidades. Cuando podamos aceptarlas y motivar a otros a hacer lo mismo, encontramos un propósito para nuestra vida en lugar de insistir en nuestras debilidades. Ustedes dos han sido una gran inspiración para nosotras, y esperamos algún día participar en una carrera con el equipo Hoyt.

Seguiremos difundiendo tu mensaje

Karen White

Lake Charles, Louisiana

Capítulo 18

Admiradores en todo el mundo

Para cuando llegó el siglo XXI, Rick y yo nos habíamos vuelto globales por medio de los nuevos medios de comunicación que nunca había imaginado ni entendía realmente. El nuevo siglo también marcó el comienzo de nuevas adversidades. En el año 2003, me acercaba a mis sesenta y tres años y sentía que estaba en el mejor estado físico de mi vida, corriendo en carreras o compitiendo en un triatlón casi cada fin de semana del año. Pero sólo unos meses antes de la Maratón de Boston, estando en Cape Cod, compitiendo en una media maratón en Hyannis, sentí lo que sólo puedo describir como un cosquilleo en la garganta y en el pecho. Esto era inusual, algo diferente a mi respuesta física normal al entrenamiento. Ese cosquilleo persistió un mes (y cinco carreras más), y entonces fui a mi médico de atención básica, la Dra. Stephanie Keaney, para hacer un electrocardiograma. Cuando llegaron los resultados, ella me recomendó que fuera a ver a un cardiólogo. El Dr. Joel Gore descubrió que había tenido un ataque leve al corazón. Las arterias que conducen al corazón estaban bloqueadas en un 95%. Si yo no hubiera estado en tan buena forma, me habría muerto hacía quince años. Rick había verdaderamente salvado mi vida. Tuve que someterme a una angioplastia de emergencia y me pusieron unos conductos intravasculares, así que nos vimos obligados a perdernos el Maratón de Boston ese año.

No permitimos que eso nos detuviera por mucho tiempo. En septiembre de 2003, Rick y yo nos estábamos preparando para otro campeonato mundial de Hombres de Hierro en Kona, Hawái. Mis médicos apenas podían creerlo, pero todos certificaron que tenía buena salud y me dieron el visto bueno para continuar como hasta ahora había estado. Mi corazón está en gran forma ahora y, sin duda, sobrevivirá al resto de mi cuerpo. Rick y yo no íbamos a permitir que una pequeña cirugía de corazón nos detuviera. Estamos acostumbrados a la adversidad.

Pero desafortunadamente, ese sería el año de las visitas al hospital. Todo iba muy bien en Kona, pero a las ochenta y cinco millas del segmento en bicicleta del Hombres de Hierro, me caí, muy fuerte. La bicicleta de carreras se daño, y Rick se golpeó bastante en la caída así que tuvo que pasar cinco horas en la sala de emergencias. Salió con puntos de sutura sobre su ojo derecho. Mi peor pesadilla es que Rick resulte herido en una carrera.

Unos años más tarde, en el 2005, pasamos por una mala racha similar. Durante una fuerte tormenta, un árbol cayó y entró por el techo de mi sala. Sólo unos días más tarde, nuestra camioneta especialmente equipada se dañó y tuvimos que conseguir una nueva. Para rematar el año, pasé la Navidad con muletas después de una cirugía de rodilla para reparar un daño del cartílago. Después de tantos años de carreras, era la primera vez que necesitaba una reparación. Los medios de comunicación estaban ahí para grabarlo todo, lo bueno y lo malo. En muchas formas, era un consuelo saber que la gente estaba pendiente.

Nunca esperé que tantos diferentes medios de comunicación estuvieran interesados en contar nuestra historia. Antes, los medios de comunicación tradicionales, desde periódicos hasta noticieros, nos habían aceptado. Habíamos estado en el programa de TLC Amazing Families, 60 Minutes Australia, y Good Morning America. Fuimos al programa de Rosie O'Donnell y Weekend Today. Nuestra historia era pública, en los Estados Unidos y en el extranjero, y la gente escribía regularmente o nos llamaban para contarnos sus historias o para conocer más sobre la nuestra. Rick y yo incluso formamos parte de un documental producido por Disney, America's Heart and Soul de Louis Schwartzberg, que presenta una docena de estadounidenses considerados extraordinarios.

Mi hijo y yo seguíamos más bien ajenos a la magnitud de la atención aunque sólo fuera porque nos manteníamos muy ocupados. Rick estaba siempre trabajando, o preparándose para próximos eventos además de su exigente rutina diaria. Si yo no estaba entrenando para una carrera, me estaba preparando para una charla. La atención era buena, y sin duda halagadora, pero nunca nos propusimos salir en televisión o que hubiera artículos escritos sobre nosotros. Gran parte de esto fue accidental o simplemente sucedió de forma natural. La Maratón de Boston, por ejemplo, siempre es televisada, así que siempre nos cubrían cada año que participamos. Lo mismo ocurrió con la carrera de Hombres de Hierro. Los reporteros a menudo presentaban nuestra participación en las carreras más grandes, y la organización de Hombres de Hierro había sido nuestro firme apoyo desde la primera vez que competimos en Hawái, e incluso antes, en Canadá. En el 2004, Hombres de Hierro produjo el primer DVD de imágenes de nuestras carreras, que para Rick y yo es ideal tenerlo como crónica de nuestro tiempo compitiendo juntos y algo que podemos compartir con otros.

Al principio, Rick y yo tuvimos que luchar sólo para obtener un lugar entre los corredores. Ahora, a los atletas les alegraba abrirnos espacio, y los admiradores se alineaban en la ruta del evento con el único propósito de vernos. Un día pensé que no importa si nunca ganamos una carrera, estamos felices con simplemente terminarla. En estos días, nuestro tiempo ha disminuido, pero un buen desempeño siempre ha sido sólo un beneficio adicional, una victoria personal. Competir e intentarlo era lo que hacía que otros tomaran conciencia. Hay súper estrellas en el mundo de las carreras, pero no es como el baloncesto o el fútbol. Los corredores a menudo no son muy nombrados. En una carrera, la gente ve pasar a los ganadores y ni siquiera saben quiénes son, pero ven a Rick y a mí y nos reconocen inmediatamente. Oímos "¡Equipo Hoyt! ¿Podemos estrechar su mano? ¿Podemos tomar una foto?" Supongo que no es difícil distinguirnos de una multitud. Es agradable ser reconocido, pero más importante aún es escuchar lo bueno que la gente tiene que decir.

Después de una carrera, a veces veo gente cerca de nosotros, mirando como si quisieran hablarnos, pero con temor de acercarse. Les hago señas para que se acerquen, les doy la mano, y les presento a Rick. Si compitieron en la carrera, les pregunto cómo les fue. Después empezamos a hablar, y ahí es donde la verdadera magia ocurre. Es lo que otros tienen que decir sobre sus vidas y sus aspiraciones. Los amigos que he hecho y las historias que he escuchado, no hay palabras para expresar la gratitud que siento al poder compartir historias con otras personas. Y no habría sido posible sin la ayuda de los medios de comunicación, sin que unas pocas personas hubieran escuchado de nosotros y hubieran pensado: "Esa es una historia digna de ser contada".

Cuando el columnista deportivo Rick Reilly dedicó su columna de *Sports Ilustrated*: *La vida de Reilly*, para nosotros en el Día del Padre de 2005, todo realmente alcanzó un nivel alto. Reilly no nos contactó antes de escribir su famoso artículo, "El papá más fuerte del mundo". Lo oímos de alguien de *Sports Illustrated* más o menos una semana antes que saliera el artículo, esa persona sólo quería avisarnos y pedirnos algunas fotos de Rick y yo para publicar en el sitio Web cuando se publicara el artículo. No teníamos ni idea que se convertiría en algo tan grande.

Todavía no estoy completamente seguro de cómo se produjo el artículo, pero sospechamos que tuvo algo que ver con Bill Lowe, quien es miembro de la junta de Special Kids, Inc., en Murfreesboro, Tennessee. Es un centro ambulatorio que brinda atención a niños con necesidades especiales y médicamente frágiles cuyas familias no tienen manera de pagarla. Rick y yo hacemos muchos eventos sin fines de lucro a nivel local y en escuelas de manera gratuita, pero debido a las tensiones de viajar, cuando es necesario volar, cobramos una cuota de presentación. Sin embargo, a comienzos de 2005, recibimos algunos correos electrónicos y llamadas de Lowe, y algo en cuanto a él y el trabajo que estaba haciendo tocó una fibra sensible. Rick y yo decidimos volar a Murfreesboro, sin cobrar la cuota de presentación. Bill, su esposa y la familia nos hospedaron en un lugar hermoso y pagaron nuestros gastos de viaje. Tuvimos un tiempo maravilloso visitándolos y hablando a su grupo. Ellos estaban haciendo grandes cosas por los niños del área y realmente necesitaban la ayuda. Meses más tarde, Lowe dijo que alguien del grupo se había puesto en contacto con Reilly en *Sports Illustrated* y le dijo que debía hacer un artículo sobre el equipo Hoyt para el Día del Padre. Suponemos que así fue como comenzó todo. El resto, por supuesto, es historia.

La respuesta a la columna de Reilly fue increíble. Desató una tormenta de reacciones por parte de los medios de comunicación sobre nuestra historia. El artículo trajo mucho reconocimiento al equipo Hoyt, y nos expuso a mucha gente que nunca había oído hablar de nosotros. Millones se suscribieron a *Sports Illustrated*. Lo puedes encontrar en cualquier barbería, consultorio odontológico, o sala de espera médica en los Estados Unidos. La gente abría la parte posterior de la revista, y ahí estaba la columna. Hasta el día de hoy, gente de diversos ámbitos de la vida todavía mencionan ese artículo cuando nos envían un correo electrónico o nos conocen en eventos.

Todavía no hemos conocido en persona al hombre que hizo posible todo esto. A pesar que nos hemos escrito por correo electrónico, nunca le he dado la mano a Reilly, y eso es algo que espero hacer algún día. El artículo se incluye en su libro *Hate Mail from Cheerleaders*. Nos envió una copia personalizada del libro, en la que escribió: "Para Dick y Rick, ¡ustedes me hicieron famoso! Con agradecimiento y los mejores deseos, Rick Reilly". Claramente estaba siendo modesto. Reilly nos dijo que la gente todavía le envía nuestro vídeo en YouTube y que a menudo va adjunto al artículo, y escriben: "Oye, Rick, ¿has visto esto?" Reilly les responde: "Sí, lo he visto. ¡Yo lo escribí!"

De repente estábamos recibiendo llamadas de enormes cadenas y extraños alrededor del mundo. Yo no sabía qué hacer al respecto. Yo quería ser parte de algo que hiciera una diferencia, pero esto estaba en otro nivel. Pero sabía que la difusión de nuestra historia era importante. De lo contrario, la gente no pediría oírla, y yo no estaría en condiciones de contársela.

Gracias a "El papá más fuerte del mundo" el equipo Hoyt fue presentado en ABC World News Tonight. La esposa de uno de los ejecutivos de HBO vio el programa y nos hizo presentar en HBO Real Sports con Bryant Gumbel. Posteriormente ese episodio ganó un Emmy por "Largo Reportaje Sobresaliente". Today Show nos llamó para una segunda y más extensa entrevista que titularon "La más grande historia de amor de todos los tiempos" y rápidamente ese segmento también apareció rápidamente en Internet. Rick y yo hemos estado en carteleras desde Times Square hasta California, una foto de los dos con la palabra "Devoted" ("Devoto") escrita debajo. Es surrealista ver nuestras imágenes por ahí, en tamaños más grandes que la vida real.

Mi hijo también tenía una mano, o probablemente más importante, una voz en todo esto. En junio de 2007, me sorprendió escribiendo un hermoso artículo de la revista *Men's Health* titulado "Lo que mi padre significa para mí". Era la primera vez que reconocía públicamente, a una audiencia tan enorme, cómo se sentía acerca de nuestra relación. Él escribió: "[Mi padre] es no sólo brazos y piernas. Él es mi inspiración, la persona que me permite vivir mi vida al máximo e inspirar a otros a hacer lo mismo". Decir que ese artículo me conmovió, es quedarse corto.

Sin saber qué iba a suceder, el artículo apareció en la página principal de MSN para el Día del Padre. Miles de correos electrónicos comenzaron a llegar. En un momento, Kathy tenía cinco o seis mil mensajes en la bandeja de entrada de su correo electrónico sobre el equipo Hoyt y otros cinco o seis mil en el buzón de salida. Fue entonces cuando su computadora colapsó.

Me conmovió el efusivo apoyo de los lectores que se comunicaron. Un adolescente confesó que había estado deprimido y con tendencias suicidas hasta que vio nuestra historia. Una niña de Filipinas compartió la historia de su hermana mayor, que también sufre de parálisis cerebral. Los médicos le dijeron a su familia que nunca caminaría o hablaría. Ahora hace las dos cosas y llama a Rick su héroe. Otra mujer escribió que éramos un brillante ejemplo para su generación y que había enviado por correo electrónico el enlace de YouTube a todos los que conocía. Además de la motivación que recibo de Rick, historias personales como esta me ayudan a continuar. Estas personas y sus historias son la razón por la cual no puedo aflojar.

Por supuesto, gran parte de la atención fue impulsada por YouTube e Internet. El video clip original de YouTube del DVD *Redentor* de Hombres de Hierro fue visto rápidamente por todo el mundo y pasado de persona a persona, enviado en vínculos y reenviado por correo electrónico, a menudo junto con el artículo de Reilly. La gente decía que acababan de verlo y estaban llorando, enviándoselo a todos sus amigos, y llamando a sus esposos e hijos para ver el video juntos en la computadora. Empresarios decían que estaban en sus oficinas con la puerta cerrada porque estaban llorando mucho después de ver nuestro video. Gente diciendo que eran bomberos, policías, veteranos de guerra, o delincuentes en la cárcel, todos con lágrimas en los ojos por nuestra historia. Lo mismo ocurrió en la presentación de Today Show.

Es increíble para mí ser parte de una sensación en internet a los setenta años. Gran cantidad de historias sobre nosotros se han hecho en los Estados Unidos, para periódicos y televisión. Cuando íbamos al extranjero a competir, a menudo también teníamos cubrimiento. Pero ahora, gracias al internet, la gente en Tokio ha oído nuestra historia y en su propio idioma. Este tipo de publicidad de boca en boca en la web animó a otros periodistas, locutores y escritores a tomar nuestra historia. Hemos recibido llamadas de Japón, Corea, Brasil y Rusia, todos con la esperanza de una entrevista gracias al vídeo que acababan de ver. Antes de internet, eso obviamente no podría haber sucedido. Que Rick y yo tengamos admiradores en todo el mundo es un sentimiento bastante fenomenal.

Mi hijo y yo sólo podemos esperar que cualquier atención del público que continuamos recibiendo aumente la conciencia sobre las discapacidades. Mi propósito no es ser famoso. Lo que Rick y yo pretendemos hacer es demostrar lo que cualquier persona es capaz de hacer si se esfuerza en hacerlo. Si Rick podía hacerlo, mantenerme a mí haciéndolo junto a él durante treinta años, entonces todo es posible.

Cuando cruzamos la línea de meta de la carrera número mil, nuestra vigésima séptima Maratón de Boston, mis nietos, Troy y Ryan, estaban al final, esperándome para felicitar a su tío. "Ahora puedes ir por otras mil", dijeron. No tengo idea de cuánto tiempo Rick y yo podremos continuar haciendo lo que estamos haciendo. Sé que todavía nos encanta. Nuestros cuerpos todavía lo soportan, y la emoción de competir nunca pasa de moda. Una cosa no va a cambiar. No tengo ningún deseo de correr solo, y Rick ha dicho que no se puede imaginar corriendo con nadie más. Somos un equipo. Todavía nos sentimos bien, y vamos a continuar hasta que Rick diga: "Papá, ya tuve suficiente".

Sólo soy un hombre normal. Corto el césped, limpio la nieve de la calzada, y cambio el aceite en nuestros vehículos. Hago las compras y cocino la mayoría de nuestras comidas. Soy como cualquier otro hombre en Estados Unidos, sólo tuve suerte, tengo un hermoso hijo y una actividad que podemos hacer juntos, a pesar de su discapacidad. Ha sido un viaje increíble. Yo no soy un héroe. Soy sólo un padre. Y todo lo que hice fue ponerme un par de tenis y empujar a mi hijo en su silla de ruedas.

La carta de Rick

"Querido papá, quería aprovechar esta oportunidad para escribir una nota directamente para ti. La palabra gracias no suena bien. De hecho, suena más bien superficial como respuesta a todas las cosas que has hecho conmigo y por mí. Gracias a ti, mi vida está llena de recuerdos, algunos tan simples como cuando me subiste a los techos cuando estabas construyendo chimeneas, y algunos más aventureros, como cuando fuimos a escalar montañas. Fue increíble, cuando yo era niño y tú estabas en la Guardia Nacional del Ejército, y me mostraste dónde se almacenaban los misiles. Dejaste que Rob, Russ, y yo viéramos el lanzamiento de misiles. Luego, cuando te uniste a la Guardia Nacional Aérea, tú y el equipo de atletismo de la Guardia Nacional Aérea de Massachussets me llevaron a Nebraska a la Maratón de la Guardia Nacional Aérea. Hay muchos más recuerdos, todos creados porque no te diste por vencido conmigo.

Tengo una lista de cosas que haría por ti si no tuviera una discapacidad. Lo primero en la lista: yo haría todo lo posible para correr el campeonato mundial de Hombres de Hierro halando, pedaleando y empujándote a ti. Luego te empujaría en la Maratón de Boston. Y me gustaría cuidar de ti cuando estés muy viejo como para cuidarte a ti mismo. No porque tenga que hacerlo, sino porque quiero hacerlo.

Valoro tu ética de trabajo y todo lo que me has enseñado sobre nunca darse por vencido. Tu actitud de "puedo hacerlo" antecede nuestras carreras. Conozco las historias de cuando eras niño, que vivías en una casa muy pequeña con doce personas, de cómo tú y tus hermanos cavaron un sótano a mano para darle más espacio a la familia. Nunca le has tenido miedo al trabajo duro. Y te encanta competir. Eras el capitán de los equipos de fútbol y béisbol mientras estudiabas en la escuela. Lo que aprendiste en esos campos de juego nos ha ayudado mucho como equipo.

Creo que es fantástico que ahora hayan surgido otros equipos de padre e hijo, y espero que esos hijos le saquen tanto provecho a su experiencia como yo lo hago durante mi tiempo contigo. Es muy bueno que estos eventos les permiten a padres e hijos involucrarse el uno en la vida del otro. Y es genial que hayas dado un ejemplo tan bueno.

Habiendo sido criado por un hombre asombroso como tú, tengo una gran cantidad de consejos para padres. Participa en el cuidado diario de tu hijo y eso es importante sea que tu niño tenga necesidades especiales o no. Asiste a las citas médicas y terapias. Tómate el tiempo para conocer a tu hijo. Conócelo realmente. Y no tengas miedo de ensuciarte, incluso si eso